大活字本
シリーズ

保阪正康

昭和史入門 《上》

埼玉福祉会

昭和史入門　上

装幀　関根利雄

目次

とマッカーサーの対話／ＧＨＱの「人権指令」／占領期から昭和史を見ると／天皇の運命はマッカーサーに託された／「人間宣言」は〈天皇の民主主義宣言〉だった／巡幸によって天皇も変わっていった／近衛文麿と松本烝治の憲法案／「天皇の象徴化」と「戦争放棄」／軍政を裁き、軍令は不問に／東京裁判の特徴／裁かれることによって得た「大きな権利」／「ストライキ」と「ストライク」／朝鮮戦争の影響／レッドパージ／昭和中期の日本人の甘え／「進歩派」の発生／「新生日本」か「再生日本」か／「再生日本」の道を「新生日本」の気持をもって歩む

まえがき（序にかえて）

もし自分があの時代に生きていたら

私たちは、昭和史をふり返るときには、三つの姿勢が必要ではないだろうか。とくに昭和前期についてそれがいえると思う。

昭和という時代は三つの時代に分けることができる。昭和前期、昭和中期、そして昭和後期である。昭和前期とは昭和元年十二月二十五日から二十年九月二日までである。八月十五日は日本がポツダム宣言

日が降伏文書に調印した日であり、正確には九月二日の降伏文書に調印した日

受諾を発表した日であり、正確には九月二日の降伏文書に調印した日が戦争終結の日である。

昭和中期とは、その九月二日から講和条約が発効する昭和二十七年四月二十八日までを指している。つまり日本が独立を回復した日である。そして昭和後期は昭和二十七年四月二十八日から、昭和天皇が崩御した六十四年一月七日までとなる。この間の六十二年と二週間が昭和史ということになる。

この昭和史のなかでも、とくに昭和前期を確認するには三つの姿勢が望まれるのである。

ひとつは、もし自分があの時代に生きていたらどのような生き方をしただろうかという想像力、もうひとつはあの時代の過ちや錯誤が日

本史総体、あるいは日本人の国民性に敷衍《ふえん》できるわけではないとの歴史観、そして他のひとつが、私たちは天空の一角に鎮座して昭和史をジャッジメントする権利をもっているわけではないとの謙虚さ。この三つの姿勢を抜きに昭和史を語るのであれば、それは史実を政治や思想のツール（道具）に用いているにすぎないということになる。

もとよりこう書くとすぐに反論もあるだろう。これでは昭和史を批判的な目で見るなということではないのか。あるいはあの時代をすべて容認しろという意味なのか。そういう反論や批判も起こる。実際に、私が講演などでこの三つの姿勢について論じると、すぐに批判の手が挙がるのだ。こうした疑問に、私が答える内容は明確である。

昭和史（とくに昭和前期）を政治や思想、さらには自らの信条に利用してきた組織や人々の見方はどれほどあの時代に生きた人たちを愚弄してきたか。いやもっとありていにいえば、「日本軍国主義は」と か「日本帝国主義は」といった主語だけで史実を見てきたために、幾つもの重要な史実を見落としたり、隠蔽してきたように私には思える。その責任は重い。

あえていうなら、昭和前期の戦争は「日本軍国主義」が引き起こしたというだけでは、本来問われるべき軍事指導者たちの錯誤や責任を免罪にしてきたといっていい。昭和史を〈歴史〉の側に追いやるには、少なくともいましばらく検証すべき内容も多いし、記憶をもっている人の記録をのこす作業も進めなければならない。そういう作業を進めずに、空虚ともいうべき政治用語だけで昭和前期を語ってはいけない。

それでは私たちは、あの時代を天空の一角に鎮座してジャッジメントしているということでしかない。

あえて補足するが、なぜ私たちはあの時代に生きていたらどのような生き方をしただろうかとの想像力をもたなければならないのか。一例をひくが、それは、学徒兵として徴兵され、そして太平洋戦争の最終段階で特攻作戦に組みこまれ、肉弾攻撃を行った隊員たちの存在をどのように考えるかという設問に置きかえていい。史実を政治や思想のツールとしてしか見ない人たちは、こういう学徒兵の苦悩を一顧だにしない。それゆえに平気で、「あれは犬死にであった」とか「日本軍国主義の尖兵であった」などといって済まそうとするのである。

特攻隊員たちの遺稿には、その状況に置かれた苦悩が数多く盛りこまれている。昭和二十年五月に沖縄のアメリカ軍機動部隊に特攻隊員として突撃した上原良司（慶応義塾大学経済学部）は、前夜に遺書を認《したた》めているが、そのなかに次の一節がある。

「私は明確にいえば自由主義に憧れていました。日本が真に永久に続くためには自由主義が必要であると思ったからです。これは馬鹿な事に見えるかも知れません。それは現在日本が全体主義的な気分に包まれているからです。しかし、真に大きな眼を開き、人間の本性を考えた時、自由主義こそ合理的になる主義だと思います。／戦争において勝敗をえんとすればその国の主義を見れば事前において判明すると思います。人間の本性に合った自然な主義を持った国の勝戦《かちいくさ》は火を見るより明らかであると思います。（以下略）」

上原は、このときの大日本帝国の体制に明確に反対している。しかし、自らの与えられた時代の枠組みのなかでこの運命を甘受しなければならなかった。

もし自分があの時代に生まれていて、上原のような立ち場に置かれていたらどうするだろうか。そのような想像力をもたずに昭和前期にむかいあってはならない、と私は考えるのだ。私自身はたぶん上原と同様に特攻隊員として死んでいくだろうと思う。上原のような良質な遺書（次代の者に訴えるべき内容をもっているということだが）をのこせるか否かは別にして運命を甘受するだろう。

そう考えたときに、私たちはすぐに幾つかのことが思い浮かぶ。上原が置かれたような状況に追いこまれたくないなら、なぜこのような状況が生まれたかを考えなければならない。そこにゆきつくまでには幾つかのプロセスがあったとすれば、そのつど明確に反対しなければならないとの結論も導きだせる。私が、昭和史をふり返るときに想像力をもつべきだというのは、このような結論を身につけることが重要だと指摘したいからである。

焼却された官公庁の書類

昭和前期をこうした姿勢で調べていくと、多くの誤りにも気づかされる。たとえば、なぜ高級軍人はあれほど傍若無人にふるまったのか、政治家はなぜ口をつぐんでしまったのか、国民はあらゆる自由を奪われても抵抗しなかったのはなぜか、など次々と疑問が生まれ、それを確かめていくと、この国自体が大きな錯誤の世界に入っていたことに気づかされてくる。平時の日本社会にはないこのような錯誤は、私たちの国の文化や伝統、それらを含めての本来の歴史感覚とはまったく異質のものだということにも気づかされる。

このことを謙虚に認める、というのが大切な姿勢である。人間が過ちを犯すように、国家もまたある条件のなかでは過ちを犯すことがある。もともとの文化や伝統に反して、その枠から外れた行動を採ることはある。私たちはそのことを理解することで、歴史を真に自らの側に引き寄せることができると思うのだ。こういう謙虚さがないところに歴史的傲慢さが生まれてくるのではないか。

昭和史を確かめていくときにこの三つの姿勢のほかにも必要なこと

があるように思う。それは「聞き書き」という姿勢であり、手法である。

史実を確かめ、そこから学ぶのは基本的には史料を読みこなすことである。この場合の史料とは、官公庁の記録文書、当事者たちの手記、回想録、はては私的に作成された報告書などを指すが、こと昭和史に関してはこの種の史料は決して多くはない。昭和二十年八月十四日の閣議で、日本はポツダム宣言を受諾することになったから、行政関連の記録文書は勝者による裁判によって利用されるだけだからと、一切を焼却という方針を定めている。この歴史観の欠如や無責任体系はそれ自体責められるべき体質である。

ともかくこうして八月十四日の夕方から翌十五日にかけて、東京・

永田町の一帯を始め全国の行政機関の周辺は書類を焼却する煙で覆われたという。

行政側の貴重な史料はこうして昭和史の検証には用いられていない。もとよりこのときに一部の職員によってひそかに隠蔽された史料はその後公開されたこともあるが、それとてさほど多くはない。このために昭和史の史料は政治、軍事、経済、さらには文化などの指導層にあった者の手記や回想録、伝記などに依存することが多い。

昭和史は「人類史の見本市」

しかし、昭和前期に限っていえば、現在とて国民の一割余はあの時代の体験者である。体験者の話は今に至るもやはり貴重である。私自身、史料を調べるのとは別に、あの時代の体験者からの「聞き書き」はなによりも重要と考えて、昭和四十年代の終わりから三十年余、聞き書きの旅を続けてきた。

「あなたはあの時代にどのような体験をしたのですか。そのときにどういうことを考えていたのですか」

それが私の質問のすべてであった。昭和前期には、戦争、敗戦、勝利、占領、占領地行政、テロ、クーデター、革命騒動、さらには極端な貧困からある程度の豊かさまで、とにかくさまざまな社会的事象が生まれた。私はこれを評して、「人類史の見本市」という言い方を好むのだが、これだけのことを社会的自覚をもって体験したのは、わずかにひと世代か二世代でしかない。

私の見るところ、それは明治三十年代、四十年代に生まれた世代か、大正の初年代に生まれた世代だと思う。まさにひと世代か二世代といっていい。

この世代の人たちは、人類史が体験したほとんどのことを日本にあって自覚をもって身を以て体験したということになる。彼らが昭和という時代のなかからどのようなことを学んできたか、それは貴重な財産である。だからこそ、私はこの世代を中心に「聞き書き」の旅をつづけてきたといってもいい。彼らは、私の問いにある者は謙虚に、ある者は乱暴な口調で、そしてある者はたんたんと証言をつづけた。それはあまりにも苛酷な現実を体験したために、口調そのものが各様に変化するのだと、私には思えたほどだ。

私の「聞き書き」の旅は、日本国内だけでなく、アメリカ、ロシア、中国、韓国、オランダ、インドネシアなどにも及んだ。そこで私が学んだことは史料では決して学べないこと、あるいは史料の行間を肉づけしていく内容であった。むろん「聞き書き」には、危険な面がある。真贋を見究める視点をもたなければならない。偽りの証言を好んで行う軍事指導者たちも少なくなかった。だがその旅をつづけるうちに、しだいに真実と偽りは見抜けるようになる。その判断のための基準をもつことにもなるのだ。

昭和史をふり返り、それを自らの人生に役立てようとするなら、自らの周囲でもこの「聞き書き」をつづける必要がある。そうすることで、人間が歴史の教訓をどのように身につけているかを確かめることができる。文化や伝統、そして体験はいかにして次世代に語られていくかを知ることもできるのである。

本書を読むまえに、あらかじめ昭和史を知るための三つの姿勢と「聞き書き」の重要性を自覚しておいてほしいと思う。読者諸氏にもこの自覚を強く呼びかけておきたい。

第一章　昭和という時代の俯瞰図

六十二年と二週間

昭和という時代は六十二年と二週間つづいた。この時間は、歴代の元号のなかでももっとも長い期間であり、その長さにおいて今後とも記憶されることになるだろう。

大正十五年十二月二十五日未明に、大正天皇は崩御し、そくざに昭和天皇が即位することになった。従って大正十五年の最後の一週間が昭和元年となる。また昭和六十四年一月七日未明に、昭和天皇が崩御している。そのあとを皇太子明仁親王が即位して、平成の時代が始まっている。昭和六十四年の一週間と平成元年が重なっていることになる。

昭和という元号は、『書経』の「堯典《ぎょうてん》」から採ったといわれているが、具体的には「百姓昭明、協和万邦」のなかから昭と和を組み合わせたのだという。この「昭和」には、「君臣一致、世界平和」をめざす意味があるのだと、当時の若槻礼次郎内閣は発表している。天皇と臣民が心をひとつにして、世界の平和をめざすというのがその意味するところというのであった。さらにつけ加えておけば、昭和天皇は昭和元年十二月二十八日に勅語を発表しているが、それは宮廷用語に満ちた古色蒼然たるもので、「朕《ちん》皇祖皇宗ノ威霊ニ頼リ萬世一系ノ皇位ヲ継承シ帝国統治ノ大権ヲ総攬シ以テ践祚《せんそ》ノ式ヲ行ヘリ旧章ニ率由シ先徳ヲ聿修《いっしゅう》シ祖宗ノ遺緒ヲ墜ス無カランコトヲ庶幾《こいねが》フ」という一節を見てもそれが窺えた。

この勅語は昭和天皇が自ら筆を執ったとされている。皇室の先祖の力をもって万世一系の天皇の地位を継承し、国の法律を守るために就任の儀式を行ったが、今後は先祖の教えを充分に守り、その伝統を汚さぬようにしていきたいとの内容である。第百二十四代の天皇としての責務を果たし、次代にその文化、伝統、歴史を伝えていきたいとの意味をもっていたといってもいい。

昭和天皇はすでに大正十年に摂政宮の地位に就いている。大正天皇の病状が悪化したために、皇室会議や枢密院会議によってその地位に就いたのだが改めて天皇に即位して、自らが前面にでてこの国の主権者としての役割を果たしていくと宣言したわけである。

初めと終わりでまったく異なった〈天皇の姿〉

このときから六十二年と二週間後だが、昭和天皇の崩御のあと皇太子明仁親王が即位して、元号は平成と称されることになった。このとき平成の天皇は、即位後朝見《ちょうけん》の儀では、勅語をやめて国民に平易な言葉での呼びかけを行っている。そこには次の一節がある。

「皆さんとともに日本国憲法を守り、これに従って責務を果たすことを誓い、国運の一層の進展と世界の平和、人類福祉の増進を切に希望してやみません」

口語体であり、国民は誰もがすぐに理解できる。「皆さん」と国民に呼びかけているうえに、憲法を守り、ここで定められている責務を守るというのも、昭和天皇の勅語とはまったく意味を異にしているし、なにより漢語交じりの勅語をほとんどの国民が理解できなかった時代とは大きく隔絶していることもわかる。

昭和という時代の六十二年と二週間を考えるときに、初めの一週間と終わりの一週間にはまったく異なった〈天皇の姿〉があったといってもいい。このことは昭和という時代を象徴する変容の姿といってもいいであろう。昭和の入口と出口では、こうして天皇自身の姿も考え方も変わっているだけでなく、天皇と国民の関係も大きく変容したといっていいのではないか。単純な言い方になるが、昭和天皇は国民の上に君臨し、その権力は臣下の者にそれぞれ委譲するにせよ、国民を名実ともに支配した君主という言い方ができるだろう。ところが昭和から平成に移っていくときには、次の天皇（平成の天皇）は、国民とともにあると明言している。つまり自らの存在は、なんらとくべつの存在ではなく、国民と同じ目の位置で憲法上で与えられた職責を全うするというのであった。

昭和という時代を考えるときに、この変化のなかにこそ近代日本そのものの大きな変容があったといっていい。私はこのことをまずは土台に据えて考えなければならないと思う。そのことによって、すぐに幾つかの疑問がわいてくるし、このような変容のプロセスを確かめたいとの思いもわいてくるように思うのである。

昭和史を検証していく、あるいは昭和史を自らの人生と重ねあわせながら確認していくには、こうした土台になる見方や枠組を理解するための前提が必要である。ただやみくもに昭和という時代にふれた書を手にとったところで、昭和史という膨大な時間と空間は捉えることができない。もっとも軽率なのは、土台や枠組となる見方や視点を考えもせずに一知半解でこの時代を論じている向きだが、それははたして昭和史の本質を理解したといえるだろうか。

本質とは何か。それを本書でも語りたいと思うが、それは昭和という時代の多くの史実のなかにひそんでいる私たちの人生観や歴史観、さらには生き方そのものを正面から見つめてつかみとるものではないかと、私には思える。

世界史のなかの「昭和」

土台や枠組みについてもう少し別な視点で捉えなおしてみよう。

昭和元年と昭和六十四年はそれぞれ一週間であったにせよ、これを西暦に直してみると、昭和元年は一九二六年、昭和六十四年は一九八九年である。つまり二十世紀の中心になる時代なのである。二十世紀の三分の二近くを占めていることにも気づいてくる。昭和天皇がすでに大正十年から摂政宮の地位に就いていたことを思えば、一九二一年からともなるのだが、ともかく二十世紀の三分の二が昭和という時代だったことを考えれば、なおのこと昭和史が重要な意味をもっていることがわかってくる。

二十世紀という世界史のなかで、日本はどのような生き方をしたのか、ということが問われてくる。二十世紀の日本という国家、二十世紀の日本人を問うことが昭和史のテーマをなしているのである。ともすれば日本の側から国際社会を見つめていきがちだが、そうではなく、世界史の側から日本を見つめておくことも必要だといっていい。一九二六年、つまり昭和元年という年は、国際社会ではどういう時期にあたっていたのか。

まず気づくのは、一九二〇年代はいわゆるワシントン体制、あるいはワシントン秩序の時代であった。一九二一年から二二年にかけてのワシントン会議で海軍の軍縮条約が米、英、仏、伊、そして日本の五カ国で結ばれた。この会議では七つの条約と二つの協定が結ばれているのだが、この軍縮条約のほかに中国の主権を尊重するための九カ国条約も結ばれている。この九カ国条約の第一条は「中国以外の条約締結国は左の通り約定す」とあり、その(一)として、「中国の主権、独立ならびに領土的および行政的保全を尊重する」とあった。現実に国民党、共産党の支配も定かでない中国に対して、主要八カ国は新たな領土上の野心をもたないことを明言したともいえた。

しかしこうした表面上の理由とは別に、実際にはそれぞれの条約締結国が自らの権益を他国との間で衝突させないとの意味も含んでいたのである。

一方で、日本は一九〇二年に結んだ日英同盟によってアジアに多くの権益を獲得していたが、その同盟についてアメリカは快く思わず、ワシントン会議で太平洋にある諸島についての権益を米、英、仏、そして日本の四カ国で決定する四カ国条約で解決することにし、日英同盟の破棄を日本と英国に迫っていた。日本は渋々とそれを受けいれなければならなかった。

平静さが破られていくプロセス

こうしてワシントン会議による極東の安寧と秩序の維持を図ったワシントン体制は、少なくとも第一次大戦の非人道的な禍を教訓として協調と話し合いという骨組みをもって一九二〇年代を動かすことになった。日本はこのワシントン体制をもっとも忠実に守っていた。アーサー・ウォルドロン編著の『平和はいかに失われたか』（一九九七年刊）では、日本外交の主軸であった幣原《しではら》喜重郎外相、そしてワシントン会議の日本側代表のひとりであった佐分利《さぶり》貞男は、こうした体制の守護者であったと賞賛しているほどだ。

一九二六年、つまり昭和元年のころは、この体制が一定の重みをもつ時代であった。ウォルドロン編の前掲書の原著者である、当時アメリカの在中国公使のジョン・V・A・マクマリーは次のように書いていた。

「ワシントン条約加盟国は、中国を含む各国すべてが同意していた会議の目的達成と伸長に向けて、異例ともいえる緊密な協力をした。公平にみて列強諸国はよく協調して行動し、公平かつ適正な中国の要求に対しては決して反対はしなかった」

昭和元年はワシントン体制下での協調外交こそが日本の国策の柱であり、それは忠実に守られていたといってもよかった。

一方でヨーロッパでは第一次大戦の勝利国であるイギリス、フランスを中心にした国際秩序の枠組みが進んでいた。一九二五年十月に開かれたロカルノ会議では、英、仏、独、白《ベルギー》、伊の五カ国が相互保障条約を結び、また仏と独が二国間の条約を結ぶことで、相互間の平和を保障することを約束しあっていた。条約国の一カ国が条約を破って他国に侵入した場合は、他の諸国が対抗してこれにあたるという点で意見も一致していた。

もとよりこの条約とは別に、ヨーロッパの東側では安寧と秩序を求める動きは、この地域の各国の利害が衝突してまとまることはなかった。アジアと西欧にはともかく協調の機運がみなぎっていたのが一九二〇年代であった。チャーチルの『第二次世界大戦』（一九七二年刊）は、第一部で第一次大戦後のヨーロッパについてふれている。

そこには次の一節があった。

「一九二九年までのヨーロッパの状態は、それ以前の二十年間にみられなかったほどの平静さであり、少なくとも今後二十年間は訪れそうもない平静さだった」

昭和元年、二年という時代——つまり昭和の幕明けのときといっていいのだが、国際社会は第一次大戦の惨禍という教訓をもとに、ともかく平静であったということは記憶されていいであろう。この平静さが破られていくプロセスを昭和前期という時代がかかえこんでいたことは記憶されて然るべきなのである。

昭和の終わりと共産主義体制の崩壊

そこでこんどは昭和の終わり、つまり一九八九年という昭和が終焉を迎えたころの国際情勢はどのようなものだったのか。そのことを確認しておかなければならない。昭和天皇の即位から六十二年と二週間を経た後の国際社会の姿を見てみよう。

一九八〇年代（昭和でいえば、昭和五十五年から六十四年の昭和の終わりまでということになるが）をふり返ると、八八年ごろまでは米ソの対立が尖鋭化していた時代であった。東西冷戦の枠組みが崩れる時代とはまったく予想されていなかったのだ。ところが一九八五年にソ連に誕生していたゴルバチョフ政権が、しだいに東側陣営への干渉を薄めるようになると、東欧諸国は次々と共産党政権を崩壊させていったのである。そして一九八九年から九一年には一気にソ連、東ヨーロッパの共産主義体制は歴史から消えてしまった。

ポーランドは、一九八九年六月の総選挙で一党独裁制を廃したが、つづいてハンガリー、東ドイツ、そしてチェコスロバキアと民主化の動きが強まり、共産党支配は崩れていった。やがてそれはルーマニアに及び、チャウシェスク政権も倒れ、チャウシェスク大統領夫妻は処刑されている。

ペレストロイカ（改革）とグラスノスチ（情報公開）を政策の柱にしていたゴルバチョフは、一九九〇（平成二）年二月に、共産党一党独裁の廃止、大統領制の導入を行い、実質的に共産主義体制を崩壊させた。そしてソ連を解体することによって、各共和国の独立を認めることになり、ソ連の共産主義体制とその陣営を歴史の上からは消滅させている。

一九一七年から始まったロシアの社会主義体制があっけなく壊滅したのと、昭和という時代の終焉とはほぼ軌を一にしていたのだ。同時に、このころはアメリカによる日本叩きも激しくなったときだった。日本市場の開放を求め、それを認めさせるために官民挙げての日本批判が始まったともいえるだろう。日本企業は日本国内で利益を得て、それをもとにアメリカ市場でダンピングを行っているのではないかとの不満が構造改革を求める背景にはあった。

中国では学生を中心にしての民主化要求デモが起こり、この年（一九八九年）六月四日にはいわゆる「天安門事件」が起こっている。これは中国内部が大きく変わり始めていることの象徴であったが、言葉をかえれば「社会主義下の市場経済」という新しいシステムが機能していくことの前ぶれだったといえるかもしれない。

昭和史から学ぶべき四つのこと

昭和初年代のワシントン体制下の国際協調、そして昭和六十四年前後の東西冷戦下での社会主義陣営の崩壊。昭和という時代は、この入口と出口の間に刻まれている史実そのもののなかから見いだした教訓こそが本質といえるのではないか。昭和史を歴史の流れのなかから切りとって抜きだして、顕微鏡でよくみればどのような動きがあったのかがわかるはずだが、それは私の見るところ、次の四点に日本人が気づいたといってもいいのではないか。

㈠機械文明の進歩による価値観の変化
㈡思想が日本社会の軸になりえないこと
㈢世界戦争を抑止する政治技術とは何か
㈣市民的権利の確立とさらなる拡大

この四点が、昭和という時代から学ぶべきことではないかと思う。いや、この仮説をもって昭和史を分析していってもいいともいえる。実際に私はこの四点をもとに本書を書き進めていくのだが、とくに重要だと思うのは㈡なのである。思想や理念が日本社会では軸になりえなかったといっていいであろう。このことは一見すると、日本社会が知性や理性に欠けているかに思えるのだが、私は、昭和史の重要な局面にあっては、常に折り折りの政府の選択が感情的であるとの感がする。太平洋戦争の開戦などがその典型である。

理知的に判断するなら、決してそのような道を選ばないだろうと思えるのに、現実はその逆になっている。なぜだろうか。このことについては多くの思想家や研究者、それに哲学者なども指摘しているのだが、私は、唐木順三が『新版　現代史への試み』（昭和三十八年刊）で明かした次の一節が的を射ているように思う。これに類する視点は、もとより唐木だけではなく、多くの論者も論点として示しているともいえる。

「西洋への恐怖、異質文化への不信によって国を鎖《とざ》した日本が、西洋の近代文明への傾倒、模倣において国をひらいたこと、しかもその執行者がともに武士であったこと、開国が同時に復古であり、鎌倉開幕以来七百年近く政治の実権から遠ざかってゐた天皇が再び近代政治の中枢に出て来たこと、さういふ事実は近代の日本を複雑なものにするとともに日本人の性格を複雑なものにした。（略）心のふるさとと才能、技術、業務のつかひどころが違ふのである。直接の感覚、好悪、趣味と、理性の使ひどころに間隙があるのである。土に根ざす文化と思想との間が整合的につながらないのである。この矛盾は、近代戦といふ機械的技術的な戦争中においてその弱点を最も露骨に示したわけである」（「近代日本の思想文化」、この論文の初出は『現代史講座』第三巻［昭和二十八年刊］）

唐木のいわんとする意味は、近代日本には旧《ふる》い制度や精神、そしてそこにつながる文化や伝統とはまったく異なった西洋の科学文明と市民思想が継ぎ木されたという見方に通じている。このことはバートランド・ラッセルが自著（『中国の問題』）で皮肉気味に書いた見方でもある。近代の日本人と日本社会は世界史のなかでも珍しい存在だと説いたのである。

近代日本の出発点にあって旧い制度や精神、そしてそこに継承されている伝統や文化は、西欧文明やその思想と融合しない面があり、それが西欧流のシステムのなかでバランスを欠いていた。昭和という時代にはそれが指摘できるのである。

土着と外来の対決

唐木やラッセルの説いた意味は、昭和十二年三月に文部省によって編纂された『国体の本義』によくあらわれている。昭和前期の日本社会に通底している特徴のひとつは、この書のなかでもくり返し説かれている。たとえば次のようにである。

「我が国に輸入せられた各種の外来思想は、支那・印度・欧米の民族性や歴史性に由来する点に於て、それらの国々に於ては当然のものであつたにしても、特殊な国体をもつ我が国に於ては、それが我が国情に適するか否かが先づ厳正に批判検討せられねばならぬ。即ちこの自覚とそれに伴ふ醇化とによつて、始めて我が国として特色ある新文化の創造が期し得られる」

昭和は外来思想を排除（国体をもつこの国に醇化すべきという言い方もしている）することによって、日本の国体思想、精神そのものを賛えるという考え方を軸にしていた。土着の思想や信条で外来思想を超えていこうということである。こうした考え方が、知性や理性より感情が主体になって形づくられていったといえるだろう。

昭和の初めとその最後、つまり入口と出口の間にはこうした特徴が幾つもみられる。従って私たちが昭和という時代を吟味する、あるいは検証する、あるいは確認するということは、このような構図を理解してとりくんでみるべきだということになる。このような理解をもとに昭和史を見ていくことによって、昭和史そのものが教師としての役割をもっていることに気づくのだ。

前述の四点の学ぶべき教訓は、いわば私自身が尺度にしていることでもあるのだが、なにがしかの尺度をもってこの時代に入っていかなければ、昭和初年代の国際社会での日本の協調、融和的政策がなぜつぶれてしまったのか、そして昭和の終わりには国際社会で社会主義体制がなぜ解体したのか、がわからないと思う。六十二年と二週間にはその時間に比例するだけの内容があり、それはぼんやりと歴史の年表を見ているだけでは浮かびあがってこないともいえるからである。

私は講演などでもときどき話すのだが、昭和という時代には人類史が体験したすべての社会現象や事象がみごとなほどに詰まっている。こうした時代は、日本では始めてのことであり、それゆえに昭和という時代を見つめるときには、昭和人ともいうべき人たちの性格もつかんでおかなければならない。確かに時代空間のなかでつくられていく性格もまたうかがえるのであり、〈時代と人間〉の関係も知っておく必要がある。

〈事実〉を残すことは責務である

昭和という時代は、人類史が体験したことすべてが詰まっている、ということをもうすこし別な角度で見てみることにしたい。

人類史が体験した事象を歴史の年譜の背後からさぐってみよう。戦争があり、それに伴う勝利と敗戦もあった。勝利という意味は、日本が中国や東南アジアの国々に一時的には軍事的な支配権を確立したということだ。この勝利のときは占領地行政を行っているし、日本が敗戦することによって、占領支配を受けている。戦争に伴う侵略、虐殺、捕虜虐待なども日本は体験している。テロ、クーデター、革命騒動、そして謀略、拷問、宗教弾圧、さらに国内にあっては市民的権利の抑圧体制を布《し》いたことなど、それこそ人類史を見わたせば起こりえていることはすべて起っている。

昭和という時代の初期は貧困、飢餓などはあたりまえだった。それが昭和四十年代後半からは、経済的に富裕になり、かつては米飯を食べることが夢であった時代から、米飯をはじめとして食物を捨てるようにもなった。いわば飽食の時代である。その差はあまりにも大きい。

さらに昭和初年代に貧困にあえぐ農村からは、婦女子が売られるという人身売買もあたりまえに行われていた。

昭和という時代（主に昭和前期と中期ということになるが）が体験したこれらのことは、再び日本に起こることはないだろう。日本が戦争という政策を選んで、再び敗戦を味わい、軍事的に解体してしまうということはないであろう。昭和という時代に体験した社会的、歴史的事象の大半は、日本人は決して再び体験することはない。それほど日本人は愚かでないということになる。

とするなら、昭和という時代はこれからの百年、二百年先を想定しても必ずや「昭和に生きた日本人は何を考えていたのか」、あるいは「二十世紀の日本人はどのような考えをもって国際社会に位置していたのか」というテーマのもとで検証されることはまちがいない。アカデミズムがこれからどのように変化していくか、ジャーナリズムはどう変遷するか、それはまったく予想できないにしても、昭和史（とくに昭和前期ということになるだろうが）そのものが常に見直されつづけることは疑いえない。

もとより歴史は固定の見方で、そして定まった法則のもとで確認されるわけではない。歴史は常に書きかえられる宿命をもっているとはドイツの哲学者カントの言といわれるが、むろんカントの言を借りるまでもなく、歴史はそれぞれの時代の人びとによって検証され、確認されていく。昭和の前期もまたその宿命を逃れられるわけがない。

そのことを前提にするなら、どのような時代にあっても土台に据えられるのは〈事実〉であるはずであり、その〈事実〉を私たちは同時代人としても歴史上にのこしていく責任がある。その責任は歴史家とか研究者、著述家、ジャーナリストのみが果たすわけではなく、昭和という時代に生きた人たちの責務ではないか、と私は思う。

昭和史に関心をもつ、あるいはその史実を確認したい、検証したいとの思いは、この責務と一体でなければならないはずだ。単に傍観者的に昭和史を見るのではなく、昭和史を学ぶというのは自らもまたなんらかの形でこの時代を次の時代に語り継ぐ、との覚悟が必要ではないかと私には思える。そのような覚悟をもって、昭和史にふれていくことによって歴史の流れの一員であることを実感できることになるはずだ。

昭和という時代に生きた人びとは何を考え、どのような目をもって時代とむきあったか。それは昭和人という性格をつくっていくときの貴重な資料になる。したがって昭和史を理解していきたいというときには、自らもなんらかの資料や記述を次代の者にのこしていきたいとの思いと一体化していなければならないという意味にもなる。

岩波新書『昭和史』への異和感

私的なことになるが、私は三十代に入ってまもなく、近代日本を「日本軍国主義は」とか「日本帝国主義は」、はては「軍部が侵略計画を練り」とか「国民の権利を抑圧した」という類の政治的用語で語ることに強い反撥を覚えるようになった。そういう生硬な表現で、昭和史を含めて近代日本を語らなければ一流の知識人ではないとの錯覚があった時代だった。昭和三十年代から四十年代にかけてがそういう時代であった。

なぜ私はそのような表現に疑問をもったか。あえていえば、昭和三十年代の『昭和史』論争がきっかけになったのと、こういう生硬な表現で歴史を語ることは政治、思想のツール（道具）として史実が利用されているだけではないかと考えたのだ。ここには「人間」がいないというのが、私にとっては率直な感想であった。もとより私の高校、大学、そして社会人の時代は、社会主義に対する信仰のような考え方があり、そういう考え方を身につけていないと愚か者であるという目で見られていた時代である。

私もそういう考えを受けいれて、「日本軍国主義は」とか「労働者階級は」といった言で昭和史がわかったつもりでいたのである。

昭和三十年に三人の若い歴史学者（遠山茂樹、今井清一、藤原彰）によって著わされた岩波新書の『昭和史』という書は学生を始めとして、多くの知識人に受けいれられた。私も高校生であったが、この書がベストセラーになっていることもありさっそくに読んだのである。もとより高校一年か二年の理解力では、この書のモチーフとなっている歴史観は充分に理解することはできなかった。この書の「はしがき」には次の一節がある。（『昭和史』は昭和三十年十一月に刊行された版がベストセラーになり、昭和三十四年に新版として大幅に書きかえられて刊行された。この部分は、昭和三十年版を用いる）。

「執筆者が関心をそそいだのは、なぜ私たち国民が戦争にまきこまれ、おしながされたのか、なぜ国民の力でこれを防ぐことができなかったのか、という点にあった。かって国民の力がやぶれざるをえなかった条件、これが現在とどれだけ異っているかをあきらかにすることは、平和と民主主義をめざす努力に、ほんとうの方向と自信とをあたえることになるだろう」

このような執筆意図のもとに、日本の支配階級が帝国主義の必然として戦争を始めたという論での分析がつづいている。私は、大学時代に改めてこの『昭和史』の新版を求めて読んだのだが、旧版にはない新たな分析が記憶にのこった。それは、「大戦の性格と戦後処理」の見出しをつけて加筆された分である。

次のようにあった。つけ加えておくが、昭和三十四年に刊行されたこの書のなかで、この部分の認識は社会主義勢力が崩壊するまではきわめて大きな影響力をもっていたが、現在に至るも一定の影響力をもっているといっていいであろう。少し長くなるがその影響力の大きさもあるので引用しておくことにしたい。

「第二次大戦には、三つの性格がからみあっていた。第一は、枢軸諸国と反枢軸諸国との、双方の側からの帝国主義戦争という性格である。アジアでの日本と米・英、ヨーロッパでの独・伊対米・英・仏間の戦争には、この面がつよく出ていた。第二はファシスト諸国の侵略に対抗し、平和と民主主義を守ろうとする反ファッショ戦争としての性格である。四二年一月の連合国共同宣言は、戦争目的を『生命・自由・独立・宗教的自由を擁護し、自国のみならず他国においても人権および正義を保持するため』とのべた。ソ連がドイツと戦い連合国に加わったことは、この性格を強めた。第三は、被圧迫民族の民族解放戦争という性格で、日本帝国主義にたいする中国国民の戦い、独伊の占領地域下の諸国民のレジスタンス運動の面であらわれていた」

むろん著者たちは、これらの性格が戦争の行われた場所で単一であらわれたのではなく、錯綜しながらあらわれているといい、いずれの性格が強くたちあらわれるかは折り折りの国際的、国内的条件によって流動的であったというのである。

私はこの新版の書を大学時代に読んで納得したし、なるほどこういう見方をするのが歴史解釈なのかと考えた。とはいえソ連を平和勢力と捉える昭和三十年代の社会主義者たちの見方に異和感をもったのも事実であった。

時代を謙虚に見つめる

こうした昭和史の見方に対して、すぐに反論が起こった。これ自体は有名な〈『昭和史』論争〉として語り継がれているのだが、評論家の亀井勝一郎が、この『昭和史』には人間がまったくえがかれていないと批判的な論文を発表した。これに同調する評論家や研究者もまた多かったのだ。「人間が顔を見せない昭和史」という批判のほかに、唯物史観を軸にしての昭和史という見方への批判もあった。この『昭和史』の昭和三十年十一月刊行の版を読んでということだろうが、東大の独文学教授の竹山道雄が、昭和三十一年五月に『昭和の精神史』という書を刊行している。

竹山はこの書の冒頭の節で、『昭和史』という書名こそ挙げないにしても、明確にこの書のもつ歴史観に異を唱えている。たとえば次のような一節がある。

「歴史を解釈するときに、まずある大前提となる原理をたてて、そこから下へ下へと具体的現象の説明に及ぶ行き方は、あやまりである。歴史を、ある先験的な原理の図式的な展開として、論理の操作によってひろげてゆくことはできない。このような『上からの演繹』は、かならずまちがった結論へと導く。事実につきあたるとそれを歪めてしまう。事実をこの図式に合致したものとして理解すべく、都合のいいもののみをとりあげて、都合のわるいものは棄てる。そして、『かくあるはずである。故に、かくある。もしそうでない事実があるなら、それは非科学的であるから、事実の方がまちがっている』という」

昭和三十年代のこうした『昭和史』論争は、すでに昭和を終えて十八年余がすぎた現在からみるなら、まだ昭和という時代の半分に達したにすぎないころに歴史観をめぐる本質的な論争が起こっていたことの証しである。昭和という時代のこのときすでに「昭和史」という言葉が自立していたのだから、なんとも奇妙な感がするほどであった。昭和という時代はそれだけ重い枷《かせ》をかけられて歩んできたともいえるし、〈同時代史〉の中にすでに〈歴史〉が顔をだしていたともいえる。

たとえていえば、昭和人は――むろんそのすべてではないが、日々歩きながら歴史を意識していた存在ということになるのであろうか。

私は、二十代にはたしかに『昭和史』の側に立っていたが、三十代に入って——それは昭和四十年代半ばからになるのだが、この解釈に疑問をもつようになった。とはいっても亀井勝一郎や竹山道雄の前述のような批判に与《くみ》していたわけではなかった。ただ昭和という時代に生きた人びとのそのナマの声を聞いたり、多くの史料にふれたり、あるいは史料を集めたりというなかから、昭和という時代を謙虚に見つめてみようと思いたつに至ったのである。

それと前述したように、昭和という時代を生硬に語る人の無神経さに愕然とすることも多かった。進歩派とか知識人といった風情を好む人のなかには、史実の検証もなしに単に「日本軍国主義は他国を侵略した」という言い方しかできない人たちも多かった。これは戦後社会の悪しき例ということにもなるのだろうが、こうした言を吐くだけで社会的なポーズをとることに甘えている人を私は何人も見てきた。なかには、前述の竹山論文が指摘しているように、自らの理論とあわなければ、「事実」のほうがまちがっているというタイプもまた私は少なからず見ている。

それが鼻についたということもいえた。

「聞き書き」は「生きた昭和史への入門」の旅

さて私自身は、どのようにして「昭和史」という領域を専門にしようとしたかということなのだが、それが「入門の手引き」となるなら、という意味で紹介しておこうと思う。

私は編集者として生活しているうちに、昭和史を自らの視点で捉え直してみようと思いたった。それが三十三歳のときであったが、たまたま昭和初年代の、宗教弾圧を受けて切腹という行為で時の政府や警察当局に抗議を行った「死なう団」という宗教団体の軌跡を書にしたのがきっかけであった。このとき、私は昭和十二年に起こったこの事件を三十五年を経ていたにもかかわらず、関係者をさがしだして取材することに成功した。語られている事件の内容とはまったく異なっている事実を関係者の口から教えられたのである。

私は、宗教団体や宗教の教義にはほとんど関心がなかったために、権力がどのような形で弾圧するのかを調べたのだが、正直にいえば権力に弾圧された人びとは大体が人生を不満足なままに送っていることがわかったのである。

この体験を通じて、昭和四十六年、四十七年のこのころには、昭和前期を語れる人が五十代、六十代として社会で生活をしているという当たり前のことに気づいたのである。私はそういう人たちに会って、昭和前期のあの戦争の時代、あるいは戦争にゆきつくまでの時代をどのように生きたのかを確認したいと考えた。「聞き書き」というジャンルを開拓しようと思いたったのだ。

そのために私は、国会図書館に二年間ほど通って、昭和史関係の書物のリストをつくり、それを読むことに決めた。私流の方法で一般的だとは思わないが、とにかく昭和史という書を片っ端から読むことに努めた。編集者の仕事をはなれ、すでに家庭をもっていたので最低限の収入は編集者の友人たちが回してくれるゴーストライターの生活で賄っての日々であった。あるいは広告のコピーを書くこともあった。そしてとにかく昭和史関係の書を読みつづけているうちに幾つかのことに気づいたのである。

当事者に会って話を聞くという歴史の書がほとんどないのだ。小説ではなく、学問上の研究書でもなく、とにかくジャーナリズムの側にあって、聞き書きや史料をもとに事件や事象を再構築する作業があってもいいと私は考えた。とくに昭和史に関わる書を読んでいるうちに、前述した四点（四三頁）を昭和史から学ぶべきではないかと思い至った。そのことを現実に昭和という時代に生きた人たちの姿を通して確認していくことが重要であると考えたのである。

昭和四十年代後半から五十年代にかけて——私は三十代半ばからと

いうことになるが――その聞き書きの旅を始めた。それが私にとっての「生きた昭和史への入門」の旅にもなっていった。

昭和史の二つの芯――アメリカの影と昭和天皇の存在

新たに昭和という時代に関心をもち、この時代に関わる書を読もうという人たちに、こうした体験を通じて、私はまず幾つかの理解しておくべき事実を伝えておこうと思う。その事実とは二つあるのだが、それは昭和史を貫く芯といってもいい。その芯のひとつが、アメリカという国家の存在、そしてその戦略である。そしてもうひとつが昭和天皇の存在である。このふたつを正確に見据えて昭和を理解しないとその姿は見えてこないといっていい。

昭和という時代には、合計で三十二人の首相が政権をにぎった。そのなかで、昭和前期を代表する首相は誰だろうか。むろん誰もが指摘するのは、軍人であり首相でもあった東條英機であろう。では昭和中期は誰だろうか。占領を受けた六年八カ月の間、その半分は首相の座にあった外交官出身の吉田茂であることは誰もが異論はない。昭和後期は誰か。高度経済成長を進めた池田勇人《はやと》か、あるいは戦争を経ずに国土の実質的返還を獲得した佐藤栄作か、の声もあるだろうが、しかし私は、学歴がなく首相の座に就き庶民の欲望をそのまま政治的スローガンに掲げた田中角栄ではないかと思う。田中は大衆民主主義をそのまま具現した首相として歴史に名を残すに違いないのだ。

東條英機、吉田茂、それに田中角栄と並べてみてすぐに気づくことは、三人にはなんらの共通点もないことだ。陸軍大学校、東京帝大法学部を卒業している東條や吉田は自らの帰属集団のエリートという顔をもっているが、田中にはなんらの顔もない。田中には庶民の表情がそのままあらわれているにすぎない。

東條英機、吉田茂、田中角栄の共通点

しかし三人にはただひとつの共通点がある。いずれも拘置所に入っているという一点である。東條は、Ａ級戦争犯罪人として巣鴨プリズンに入っている。吉田は、昭和二十年四月に親米英的であるとして憲兵隊に逮捕されている。田中は昭和二十三年に代議士一年生のときに炭管汚職で逮捕されている。しかしこれは東京高裁で無罪になってい

る。昭和五十一年七月にはロッキード事件によって逮捕されている。三人がいずれも拘置所に入っている理由は、アメリカがらみであることに気づく。東條は太平洋戦争にかかわる一切の責任を問われ、吉田は憲兵隊によって、あまりにも親米英的であり、そのために終戦工作を行ったのではないかと疑われた。そして田中は、アメリカの司法当局と日本の司法当局の取り引きによって逮捕されたといっていい。ここに共通している「アメリカの影」は昭和史を貫く芯だと捉えてもいい。

つけ加えておけば、アメリカの外交戦略や軍事戦略を検証せずして昭和史を理解することはできないというべきである。このことは案外見落とされているのだが、重要な視点である。この「アメリカの影」

については、私はこれまでもしばしば語っているのでくり返さないが、昭和という時代の三つの期間を別な角度から捉えてみても「アメリカの影」は指摘できる。

昭和前期の日本国内の対立軸は、基本的には政治と軍事であった。この場合の政治を外交とか文官と置き換えてもいいのだが、要は軍事に対立する構図である。では昭和中期ではどのような対立軸があったか。もとよりこの期間は国家主権を失った占領という期間であり、一見するとＧＨＱ（連合国軍最高司令官総司令部）と日本政府に見えるが、実態はそうではない。現実にこの期間にはじまっていた東西冷戦にもとづいた自由主義陣営と共産主義陣営の対立ということになる。いわば思想と現実の政策との対立でもある。昭和後期の対立軸は何かといえば、昭和中期からの社会主義陣営と自由主義陣営の対立も含まれるが、もっとこの時代を俯瞰《ふかん》してみれば、欲望を土台に置いての物量や経済という軸と、それを調整するための理性、あるいは心理的な活動、精神文化というものではないかと思う。

昭和後期はひたすら欲望を現実社会の価値基準に据えてきた。そして経済的には大国という経済至上主義の国家をつくりあげるに至った。しかしその分だけ精神的にはきわめて貧困な状態にあった。日本社会の伝統的な良質の倫理観や人生観が失われていったのではなかったか、ということである。この期間に、日本社会は国際社会に発信できるような哲学や思想を自前でつくりあげることはできなかったのである。

「政治と軍事」、「共産主義と自由主義」、そして「物量・経済と倫理・理性」という対立軸を並べてみると、昭和前期はアメリカによってこの矛盾が指摘されての戦争、昭和中期はアメリカの民主主義を受けいれることによっての自由主義陣営、昭和後期は国民の精神状況が荒廃してもとにかく確立していく経済大国という構図が明確になってくる。国家としての基本的な枠組みは、アメリカの軍事力に依拠しながら、その傘下で私たちは自らの欲望を実現するために生きてきたということになるであろう。

前述の四点のすべてがこの変化のなかから学ぶことができるということでもある。

つまり昭和という時代は、日本が国際社会に身を置いたとき、そして国内にあっても、当初はアメリカンデモクラシーへの離反者として、続いてはアメリカンデモクラシーの教育を受け、その実践者としての道を歩んだことになる。

「アメリカの影」が昭和史を貫く一本の芯だというのもそのことである。

昭和天皇は主権者の地位をほとんど失っていた

では昭和という時代を貫くもう一本の芯とはどのようなものだったのか。私はそれは天皇の存在であると考える。もとより昭和という年号は、昭和天皇の在位の期間をさすわけだから、天皇が芯を貫くことはあたりまえのことではないかとの論もあるだろう。だが、私はそのような意味でいっているのではない。もっと深い意味で、天皇の存在を考えなければ昭和史は理解できないということである。

明治二十二年（一八八九）に公布された大日本帝国憲法の第一条には、「大日本帝国ハ万世一系ノ天皇之ヲ統治ス」とある。国家としての統治権（立法、行政、司法）、統帥権《とうすいけん》（軍事上の大権）は主権者である天皇の手ににぎられている。統帥権は統治権とはまったく関わりをもたない独立した大権であった。加えて日本の議会（衆議院）は、憲法改正の発言権がないうえに皇室に関する論議もできないし、宣戦、講和、それに条約の締結の権限もないというきわめて制限された空間でもあった。

大日本帝国憲法は、現実的には改正は許されない形になっている。勅命に依りてのみしか、改正の議案を発することができなくなっている。つまり天皇はほとんど不変にその地位にとどまり、君主制国家として存続することが宿命とされていたといっていい。したがって昭和史を考える場合、明治維新からの近代日本の解体期と捉える視点が必要になる。その枠組みのなかで昭和天皇の置かれた地位、役割、そして現実の統治、システムそのものを分析することが必要になる。

私は、昭和前期の天皇制システムは平時のときは相応に機能したと思うが、ひとたび統帥権が前面にでての軍事主導体制になったときはその機能を失ってしまったと思う。天皇は臣下の者から棚上げされた状態であり、ほとんど主権者の地位を失っていたというのが、私の基本的な見方である。

昭和中期に、日本がアメリカを軸とする連合国の占領支配を受けるなかで、昭和二十一年十一月に新憲法は公布された。この憲法はその前文で、主権在民を謳い、第一条では「天皇は、日本国の象徴であり日本国民統合の象徴」と定めている。いわば主権者から象徴という存在に変わったことになる。これについては、大日本帝国憲法にも象徴としての意味があり、これが前面にでただけとの説もあるが、天皇の役割については大日本帝国憲法とこの新憲法との間には大きな開きがある。

占領期にあって、天皇は実際には政治的立場をはなれていたといえるのだが、現実に史実を検証していくと、ＧＨＱの最高司令官であるダグラス・マッカーサーとの十一回に及ぶ会見ではきわめて政治的な発言もしている。昭和天皇は占領期に憲法上はともかくとしてどのような変化をとげたのか、それを検証していくのも昭和という時代を見つめ直すときの鍵になっている。

天皇のイメージの変化

このことは第三章で詳述したいと思うが、昭和天皇は昭和中期には自らの戦いを挑んだのではないかというのが、私の理解である。どのような戦いか。それは〈君主制下の軍事主導体制〉を〈君主制下の民主主義体制〉に移行させることが可能であるとの強い自覚にもとづいている。そのことは戦争終結後の昭和中期の昭和天皇の心情を理解することによって可能になると思う。

昭和後期は、象徴天皇が具体的に実証されていく時代であった。昭和天皇は憲法上に限られた国事行為を行うと自らにも課していたことがわかるのだが、その分だけ象徴化することによって、人間天皇へと少しずつスタンスがかわっていくのもまた当然のことだったのである。この昭和後期には、昭和天皇の意思だけではなく、皇太子（平成の天皇）がつくりあげていく天皇制もまた垣間見えることになり、天皇自身の考え方も、そして国民の天皇を見つめる目もかわっていった。このことを私は、前述の言い方に倣《なら》うのなら、〈君主制下の民主主義体制〉から〈民主主義下の君主制〉へ移行していったとの言い方で語ることも可能なように思えてくるのである。

昭和という時代を貫く芯、その中枢に位置する昭和天皇については、天皇がどうかわり、国民がどうかわったかを比較対照しながら考えていくことが重要である。この変貌を理解するためには、単に日本国内の社会状況を見るだけでなく、国際社会にあって天皇の位置がどう受け止められていったかを見ることが重要である。内と外からの見方を交錯させることによって、天皇のイメージの変化を確認することができる。

好むと好まざるとにかかわらず、昭和という時代には戦争というイメージがかぶさるが、そのイメージが天皇にかぶせられていた時代かられが解き放たれていく時代があり、そこに昭和史の分岐点があるとの考えも成りたつのである。

臣民から市民へ

昭和という時代を確認していくときに、もうひとつ重要な分析もある。それは国民がどのような変化をしたかを捉える視点である。昭和前期のある期間に、日本はきわめて狭隘《きょうあい》なナショナリズムに入りこんだ時期がある。私はこの期を昭和八年ごろから十五年までの期間とみるが、この間に日本は国際社会で孤立し、その分だけ自らの価値観に埋没してしまったのである。

「国体」という観念が執拗に強調され、それは具体的には昭和十年の天皇機関説排撃運動、国体明徴運動という形で推移していくのだが、こうした運動の火つけ役になった貴族院での菊池武夫議員の質問には、「我が国の憲法上、統治の主体が天皇にあるのでないということを断然公言するようなる学者著者というものが、一体司法上から許さるべきものでございましょうか」との一節がある。美濃部達吉に代表される天皇機関説への反論の骨子は、主権は法人たる国家にあるのではなく、天皇に帰属するという主張である。国家の上位に天皇が存在するというのだ。

一君万民主義のもとで、国民はすべて臣民という考えがこの期には執拗に喧伝された。一君万民、天皇の赤子《せきし》という国体の観念はやがて天皇の神格化という思想空間をつくりあげていくが、この臣民といった受け止め方は昭和前期の教育、文化、そして軍事のなかに融《と》けこんでいった考えだった。

私は、昭和史は〈臣民から市民へ〉といった推移を辿っていったと考えているが、このふたつはもともと相容れないものである。なぜなら臣民は、大日本帝国憲法下での国民の存在を名実ともにさしているのに対し、市民は近代市民社会の権利を享受する、あるいはそれを行使する存在といえるからだ。したがって市民は、天皇制下の政治システムのなかでは育ちうるのか、あるいはそれは育ちえないのかといった問題をつきつけていることになる。

昭和中期の日本社会は臣民であることが制度上で否定されたが、現実にはそれは国民それぞれの精神的な意味あいもあり、軽々には消えるものではない。とくに臣民教育を受けた世代のなかには、臣民という概念から抜けでることは、現実には不可能だった人たちも存在している。

ところが昭和中期、昭和後期に教育を受けた世代は、臣民というより市民といった理解をもっている。占領を通じて日本社会にもちこまれたアメリカンデモクラシー（一面で、戦後民主主義という言い方もするのであったが）は、臣民を否定したうえで市民としての権利を自覚するよう訴えたことがその理由とされている。

私たちは、昭和史を通じて〈臣民から市民へ〉という変化が起こったのか、あるいは起こらなかったのか、そのことを確かめてみることも必要なのである。もとよりこれには、昭和という時代に生きた自らの軌跡をなぞりながら確認していくことが前提にあると思えるのだ。

父母や祖父母の生きた姿を確認する

『昭和史』論争が起こった昭和三十年代以後に、歴史を研究するアカデミズムの側にあっては唯物史観に立脚する歴史観が主流を占めてきた。それは昭和という時代が終わるころに、まったく予想外の形で崩壊していった社会主義体制の枠組みのなかで強い影響力をもってきた。いわばそれはアカデミズムの側における昭和史の認識としては正道を形成しているとの自覚が、研究者の間にも、ジャーナリズムの側にもあり、それゆえにこの歴史観に追随する者も多かった。

昭和三十四年に新版として刊行された『昭和史』（遠山茂樹、今井清一、藤原彰）の末尾は次のように結ばれている。

「私たちは戦前・戦中・戦後の歴史を通して、世界の、また日本の歴史がどの方向に進んでいるのか、この歴史の上に立って、日本国民がアジアの一員として、他のアジアおよび世界の諸国民にたいしいかに大きな責任と任務とをになっているかを知ることができる。戦争の歴史と戦争責任とを明らかにすることは、現在および将来にわたって、日本国民が平和と民主主義の歴史をつくりだす力の源泉となるであろう」

アカデミズムの側で主流となっていたこの思想は、つまり日本国民が「平和と民主主義の歴史」という社会主義国家への方向をめざすために、「戦争の歴史と戦争責任とを明らかにする」といった視点で史実を利用してきたという意味になる。もとよりアカデミズムの側でも、こうした認識とは別に実証主義的な視点での検証が進んでいったことは指摘できる。しかしその役割はむしろジャーナリズムの側が引き受ける形になって進んだのもまぎれもない事実だったのである。

今、私たちは上からの演繹的な手法による昭和史理解とは一線を劃《かく》すべきである。唯物史観はもとより、日本の誕生を『記紀』に求め、そこから編みだされてくる皇国史観、さらには文明の対立、抗争から歴史はつくられてくるといった文明史観、安易なヒューマニズム史観、あるいは特定の思想、信条、教義にもとづいてつくられている歴史観、そういう演繹的な手法は、こと昭和史を学ぶときには罪のほうが大きい。

そのような手法は、昭和という時代（とくに昭和前期）を生きた人たちにとっては非礼な話である。その非礼な態度は、次世代から必ず問われるにちがいない。「あなたは自らの生きた時代をなぜ人間の顔で語らないのですか」との問いに、答える内容をもっていないと私には思えるのである。積木細工のように史実を組みたてて自らの史観を確立したところで、昭和という時代はわかったことにはならない、とあえて私は主張したいのである。

こう書いたからといって、昭和という時代の史実をすべて肯定して語れ、などというのではない。いや、むしろ肯定することは、この時代に戦争という国家の政策の犠牲になった人たちへの哀悼の念をもっていないようにも、私には思える。

謙虚に史実を見つめながら、昭和という時代を考えていこう。それはとりも直さず、私たちの父母や祖父母の生きた姿を確認し、そしてその姿を静かに思い、慰めることにつながっているのである。

昭和という時代は六十二年と二週間であり、二十世紀のもっとも重要な時期にあたっている。それは人類史の上でも原爆の投下にみられるように、人類が新たな段階に足をふみいれた時期にもあたっていた。それだけに日本は歴史を総括しなければならない立ち場に置かれている。昭和史を学ぶことは、その総括を行うための道に入りこむことである、と私は考えている。

第二章　軍事主導体制の崩壊　昭和前期

なぜ軍事主導体制ができあがったか

前述のように、昭和前期とは、昭和元年十二月二十五日から二十年九月二日までである。八月十五日は、大日本帝国の主権者である天皇が、アメリカを中心とする連合国の発したポツダム宣言を受諾する旨、国の内外に伝えた日で、国際法の上では正式に終戦となったわけではない。そのために九月二日に東京湾上に停泊したミズーリ号で行われた無条件降伏の文書への調印をもって太平洋戦争を含む第二次大戦が終結したことになる。

昭和前期はつまり十八年とおよそ八カ月になる期間である。この期間について私たちはどのような理解をもつべきだろうか。一言でいってしまえば、軍事主導体制の国家をつくりあげ、それによって国家がすべて崩壊に至ったという言い方になるだろう。十八年八カ月の期間がすべてそのような体制であったとはいえない。少なくとも昭和七年五月の五・一五事件までは大正期からつづいていた政党政治が機能していて、議会の多数党が政権を取るか、失政があったときは野党に政権が委譲される慣行ができあがっていたからだ。

なぜこの期に軍事主導体制ができあがり、それが一連の戦争へとつづいていったのか。昭和前期を確認するという意味はそのような分析を行わなければならないということである。これ以外に大きなテーマは見あたらないといってもいいであろう。むろん軍事主導体制は軍人や軍人に同調する政治家だけで確立したわけではない。そこに国民の支援、あるいは国民自身が納得しての軍事主導への協力があったということにもなる。

私がここでいう軍事主導体制とは、軍国主義といいかえてもいい。要は国家の意思を実現するために軍事力を前面に掲げて国策を進めていくとの意味である。昭和の軍国主義はどのように誕生したのか、その思想と体制を私たちはやはり初めに確認しておかなければならない。そうでなければ、昭和前期のみにその責を負わせることになりかねないからである。

政治学者猪木正道は、「軍国主義は戦争を賛美し、国家および社会において軍人および軍事力に特権的・優越的な地位を与え、政治、経済、社会、文化のあらゆる領域を軍事化しようとする」ことだと定義する（『軍国日本の興亡』平成七年刊）。さらに猪木は、日清、日露両戦争のころは、大日本帝国が「国際的に主権と独立を守り、国内的に近代化するという明確な政治的目的を自覚していた間は、軍国主義は日本の国際的地位を高め、上からの近代化を推進するのに役立った」といい、確かに軍国日本ではあったが、軍国主義に徹していたわけではなかったとも指摘している。この点は大方の同意を得られると思うが、近代日本は軍事主導ではあってもどこかでバランスをとっていた。戦争にかかわる国際法規を順守していたのである。

これは一般的にといっていいが、大日本帝国がまさに軍国主義に転じていくのは、日露戦争に勝利をして「中国への圧迫と侵略が目立ちはじめると、日本は米国から敵視され、旧同盟国の英国をも敵に廻すようになり、一九三〇年代には完全に孤立してしまった」（猪木、前掲書）という指摘にみるとおりである。昭和前期のみをとりだして、日露戦争以後に増上慢に陥った日本の軍国主義の責を問うのは歴史そのものを正確に見つめていないということにもなる。

天皇の「御楯」という特別の存在

とはいえ、昭和前期の軍事主導体制は明らかに歪みが伴っていたことも事実である。あるいは近代日本の軍事組織が昭和に入ってからは急速に変質してしまったという言い方もできる。その視点で変質の内実を確かめていくのが重要だともいえるのである。変質の理由を大別すると以下のようになるのではないか、と私には思える。箇条書きにしてみる。

㈠第一次大戦以後の国家総力戦思想を独自に構築した。

㈡軍内の人事が成績至上主義にかわり、本来の能力が問われない序列主義になった。

㈢陸海軍ともその将校教育が軍事のみに傾き一般常識に欠けていた。

㈣軍内に秘密結社、下剋上、密かなクーデター計画などを内包することになった。

㈤統帥権干犯という語で政治の上位に立ち、自在に軍事行動を行うことになった。

さしあたりこの五点を挙げていいだろう。むろんこのほかにも幾つかの理由はある。たとえば、軍内の対立が頂点に達し、昭和十年八月には陸軍省軍務局長の永田鉄山が、皇道派の将校である相沢三郎に斬殺されるという事件が起こるが、このような皇道派と統制派の対立、抗争が権力構造そのものに影響を与えたことは否めなかった。だがこうした理由を際限なく並べるよりは、比較的わかりやすく五点に絞っていいと思う。

この五点の背景にある軍事指導者、高級軍人、さらには青年将校を含んでの軍事組織の真の思考とはどのようなものだったか。それは軍人は天皇の御楯《みたて》である特別の存在だという考え方である。この選良主義は明治十五年（一八八二）一月に、明治天皇から発せられた「軍人勅諭」に由来を求めることができる。大日本帝国憲法発布前からのこの勅諭は、軍人に選良という特別の意識を与えていた。

大日本帝国憲法第十一条（「天皇ハ陸海軍ヲ統帥ス」）とこの軍人勅諭によって独自の選良意識が生まれたことになるが、それゆえに「とくに差別主義の端的な表示たる『勅諭』にある『世論ニ惑ハズ政治ニ拘ラズ只々一途ニ己ガ本分ノ忠節ヲ守リ……』の一節は、軍人はもとより政治家もつねに口にし論じ、とくに、軍人にはタテマエとしては絶対的な誓いとなった」（高橋正衛『昭和の軍閥』昭和四十四年刊）ともいえるわけである。本来これは政治的に中立であることを明記しているのだが、一般社会と隔絶したこの意識（しかも参政権もないうえに、政治に関するかぎり憲法上に定められている権利も除外されている）は、まったく独自の空間をつくりあげることになった。

軍人たちが一般社会を「地方」と呼び、軍人以外の人を「地方人」と呼ぶのは、そうした選良意識の故でもあった。軍人たちがその勅諭にあるように、天皇に命を捧げる存在だということによってもまた独自の意識をもたせることになったのだ。

天皇への報恩の軍隊、天皇に一身を捧げるための軍事集団、といっても、彼らは現実に戦争がなければその功を具体的に示すことはできない。したがって大日本帝国の軍隊は、その心底において戦争を待望する心理を抱えていた。これが近代市民社会の成熟した空間になっていれば、軍事の大権が政治に従属する「シビリアンコントロール（文民支配）」が完整していたはずである。軍人たちの報恩の心理は抑制されたであろう。しかし市民社会の原則で確立していなかったために、軍人たちが政治的実権をにぎってしまったならばどのようになるか、昭和前期の軍事主導体制はそのことを如実に示しているといえるのだ。

「戦争は利益を生む」という確信

前述の五つの特徴は、軍事集団が具体的に政権を獲得するためにどのような考えで行動していたかを示す内容でもあった。

一般社会とは隔絶した選良という考え方、このことを具体的にあらわすための戦争、そしてそれに勝利を得るというだけでは、軍人たちは満足しない。作家の芥川龍之介は、『侏儒の言葉』のなかで、軍人の勲章好きを冷やかしているが、実際に彼らは勲位が好きである。これは何も日本だけではなく、ソ連が解体したときにモスクワを訪れて社会主義の崩壊の有り様を取材した折りに、ソ連軍の高級軍人がいかに自分が武勲をたてたか、その勲章やら感謝状を次々に見せてくれたものだ。なぜこれほどに栄位を誇るのか、日本の高級軍人を取材していて、次第に私にも理解できたことがあった。

簡単にいえば、戦争とは非日常の行為である。そこには日常とは異なった価値観があり、殺伐な非人間的行為をくり返して、「敵を殲滅《せんめつ》する」のが目的である。これは人間本来の性格に反している。だからこそ勲章を求めることでその行為を正当化する心理があるのだと思う。

軍人たちのこの心理を理解したときに、さらに新たなことがわかってくる。私自身、昭和前期の指導部に列した高級軍人、さらに戦地にあって指揮をとった将校や下士官、そして現実に戦った兵士たちに数限りなく話を聞いてのことだが、天皇への報恩とは、つまりは戦争に勝利を得て、戦利品を得る、賠償金を獲得するという目に見える形での戦果を挙げることなのだ。国を経済的に豊かにさせる、国の文化や伝統の優位性を誇るというのがその具体的な成果なのである。

昭和期の軍事指導者たちは、日清戦争で清国に勝利を得て台湾の割譲や賠償金二億両（日本円に換算すると三億一千万円）を獲得したことが教訓になっている。このときの日本の戦費は総額で二億円だったから、一・五倍もの収入があったのだ。日露戦争では南樺太の割譲、旅順や大連の租借権などを得ている。賠償金がとれなかったために、日比谷焼き打ち事件が起こったこともまたよく知られている。

第一次大戦にしても日英同盟の誼《よし》みで参戦し、南方要域のサイパンなどの委任統治を得ているし、ドイツが有していた青島などの租借権を得ている。

戦争は利益を生む。それが日本を世界の一等国に押し上げた因であることに、軍事指導者たちはきわめて強い確信をもった。この確信が戦争待望論にと結びついていた。この賠償金目当ての戦争についてはこれまで深くは検証されていなかったが、私の見るところ、日中戦争初期の昭和十二年十二月から十三年一月にかけての和平交渉の内実を確かめていくとよく理解できるように思う。中国駐在のドイツ大使トラウトマンを通じて行われたこの和平交渉は日本側の要求が過大なために成功しなかったが、日本側はそのプロセスで賠償金要求の条項を取りさげたことがある。蔣介石政府は要求を受けいれなかったが、そのときに日本の軍人たちは「賠償金を要求しないのに、なぜ和平を受けいれないのか」と不満顔であった。

さらに昭和二十年八月九日から十四日の間に行われた最高戦争指導会議、御前会議などで、参謀総長の梅津美治郎が外相の東郷茂徳に対して、「ポツダム宣言によれば敗戦を甘受することで、日本はどれだけの賠償金を支払うのか」としきりに気にしている発言にも、昭和陸軍の指導部に列した軍人たちの体質がよくあらわれていたのである。

明治、大正期の軍人たちにもともとよりそういう報国、報恩の考えはあった。それでも日清・日露戦争を見ると、軍事の山県有朋、政治・外交の伊藤博文という個人的な関係にあって政治と統帥《とうすい》のバランスは維持されていた。統帥権が統治権を押えることになりかねないという制度上の矛盾は、指導者の人間関係によって隠されていた。昭和に入るとそのような関係はなくなり、政治・外交畑で育った政治家や官僚と軍事集団の中で育った軍人の間には、人間的な関係はまったくなく、むしろ相互に自らの帰属集団である組織の利益を守ることに専念するようになったのである。

組織や制度の矛盾がそのまま露呈してきたのが、昭和前期の軍事主導体制の特徴であった。とくに昭和前期にあっては、軍事をコントロールできるような政治家（大正期では大隈重信、原敬などがいたのだが）が存在しなかったのも軍事が前面にでる可能性を内包していたといってよかった。

五・一五事件と政党政治の終わり

昭和前期を通底している軍事主導体制を確認するために、そしてこの時代がそのほかにどのような時代様相を呈しているかをさぐるために、この前期をもうすこし分けて考えてみることにしよう。歴史家のなかには「歴史を考えるということは、それを時代に区分することである」という言もあるが、それに倣うのである。

私の見るところ、昭和前期は次の三期に分かれると思う。

第一期　昭和元年から昭和七年まで

第二期　昭和八年から昭和十五年まで

第三期　昭和十六年から昭和二十年まで

　この三つの期を、政治・外交と軍事の対立と軍事主導体制という視点で見つめると、それぞれの期に特徴があることがわかる。簡単にいうと、第一期は軍事主導体制が顕在化してくる時期であり、第二期はその体制が試行錯誤を続けながら暴力を前面にだして固められていくと同時に、その体制を支える思想が強固になっていく時期でもある。

　第三期はいうまでもなく、太平洋戦争の時代であり、軍事主導体制が崩壊し、そして解体していく時期でもある。昭和前期はこの期で明治期からの近代日本の政治、軍事システムを解体してしまうという形で決着をつけたという言い方をしてもいいであろう。

この三つの期をそれぞれ説明していくが、そのことによって私たちは昭和という時代はさまざまな文様に彩られていくことがわかってくる。この彩りは歴史的に定着していったものもあれば、あっけなくその時代だけで消えてしまったものもある。具体的にいえば、昭和前期の第一期の初めにはまだ軍事主導体制は確立していなかったが、ある時期になると急速にそれが確立していく。そのときには軍事組織は、国際的な秩序を革新するという立ち場で捉えられ、日本の輝かしい将来をつくっていくとされた。

しかし本来の革新とはまったく相容れない、きわめて復古的な視点からの体制変革という意味をもっていたにすぎなかった。そういう錯誤にもとづいた彩りが、その後の日本を誤らせたとして糾弾される状態になった。そういう錯誤もまた昭和という時代には幾つも眠っているのである。

第一期は昭和七年で終わったとしているが、この年五月十五日の、いわゆる五・一五事件は、日本の運命を大きく変えることになった。海軍の青年士官と陸軍の士官学校候補生、それに茨城県水戸市の農本主義塾愛郷塾の農民有志が集まって、首相官邸をはじめ警視庁や内大臣の牧野伸顕邸を襲って国家改造を訴えた。実際には犬養毅首相が殺害されたテロ事件といってよかったが、この事件によって議会政治は停止状態になった。

この期の総理大臣は、元老の西園寺公望が天皇に候補者を奏請し、それを天皇が任命することになっていた。西園寺は議会の多数党の総裁を推挙するのを慣行にしていた。この事件の後もまた西園寺はそのように考えていた。しかし陸海軍の首脳や省部の権力をにぎっている将校たちは、前年九月の満州事変、そしてその軍事力を背景につくりあげた満州国と軍の政策を進めるための内閣を要求した。このころ静岡の興津に住んでいた西園寺が、首相推挙のために東京にでていくときは、その西園寺に憲兵隊の幹部は「今は非常時ですぞ」と脅し、親軍的内閣をつくるよう要求もしていた。

昭和天皇はこの事件に憂慮を示し、西園寺に四つの条件を伝えたが、「現在ノ政治ノ弊ヲ改善シ陸海軍ノ軍紀ヲ振粛スルニハ最モ首相ノ人格ニ依頼ス　協力内閣ト単独内閣ナドハ問フ処ニアラズ　ファショニ近キ者ハ絶対ニ不可ナリ」という条件もあった。天皇は陸海軍のいうことを聞くような人物、ファッショに近き人物は決して首相に据えるなとの意向であった。陸軍の中堅幕僚が「政党政治反対」を強力に伝えてきているときに、西園寺にとっては主権者・天皇のこの言は有力な支援でもあった。

しかし西園寺は、政党や宮廷周辺、それに官僚などの方面をあたり、ひとまず軍部を抑えるには政党政治を休止して中間内閣を組閣する以外にないと判断して、朝鮮総督の経歴をもつ海軍出身で温厚な性格といわれる斎藤實《まこと》を首相に推すことにし、天皇もまた納得した。斎藤内閣は政党、軍部、官僚の寄り合い所帯で、つまりはこのときに結果的に政党政治は終わった。それが第一期の終焉を意味している。

国家改造のために「武力を行使するも辞せず」

昭和元年から七年まではおよそ六年ということになるが、このときに目立つのは、政党政治が抗争を続け、自ら政党政治への不信感を養ったということだった。政友会と民政党が、金融恐慌からの工業恐慌、そして農業恐慌のなかで対立をつづけ、現実に困窮している国民生活に有効な政策を打ちだすことができなかったのである。国民の間にも、その対立に対して政党への絶望感が広まっていった。党利党略に走る政党政治は、日本の議会政治が未成熟だったということを示している。

とくに日本はまだ農業国で、就業人口の七五%は農民であった。その農民にとって工業恐慌から来る不況が凶作と重なっての飢餓状態が生まれた。中米《ちゅうまい》の標準相場は一石あたり昭和三年二十九円、四年二十七円、五年十八円、六年二十一円という下がり様で、一石の生産費が三十一円だから生産すればするほど損をするという状態であった。もとより米だけでなく、あらゆる農産物の価格が下落した。

加えて農業の機械化も進み、このころに次々と農機具が農村にもちこまれ、農民はそういう農機具と肥料を購入するために借金を増やさなければならなかった。小学校では欠食児童がふえ、弁当をもってくることのできない児童が授業中に空腹で倒れることも珍しくなかったのだ。東北の農村では娘を身売りさせる農家もふえた。昭和四年、五年はそういう状況が日本の至るところにあり、それが陸海軍の青年将校に国家改造が必要だとの思想を与えた。

その一方で共産主義運動に傾く青年もふえていった。政府は治安維持法を適用して、昭和三年、四年に共産党員の一斉逮捕を行っているが、昭和初年代はそういう騒然とした状況にあった。政党が自らの利益を追いかけるだけで、具体的な政策を示すことができなかったために、非合法活動が広まったとの指摘も決して誇張ではなかった。

昭和に入って、陸軍内部の中佐を中心とする中堅幕僚たちは結社をつくり、そこではいかにして軍事組織が政権を執り高度国防国家をつくるか、日本のもっている中国での権益をどのように拡大させるか、あるいは軍の兵器をどのようにして近代化するか、といった勉強会を続けている。こうした勉強会とは別に、参謀本部に籍を置いている橋本欣五郎中佐を中心に桜会という秘密結社も結成されている。この綱領には、「目的」として「本会は国家改造を以て終局の目的とし之が為め要すれば武力を行使するも辞せず」と唱えていた。非合法での権力奪取を意図していたのだ。そして会員の条件としては、現役の陸軍の将校で階級は中佐以下、「国家改造に関心を有し私心なきもの」というのであった。この桜会は昭和五年夏に密かに結成されたのである。

一方で、陸軍内部の青年将校もまた省部の幕僚とは別な視点で国家改造を目ざしていた。青年将校とはまだ二十代から三十代初めの尉官クラスを指し、幕僚が陸軍大学校出身のエリート軍人とすれば、彼らは陸軍大学校受験前か、あるいは受験しない将校たちで、日常は兵と共に生活している。徴兵されてくる兵士は大体が農民出身だから、青年将校は農民の困窮した生活を肌で知っている。彼らの主張する愛国革新運動はそれだけに純粋な面がある反面、とにかく国家改造をと、目先の行動に走る危険性があった。

艦隊派 vs. 条約派

陸軍内部のこうした状況とは別に、海軍内部にもふたつの考えがあった。ひとつは艦隊派といい、もう一方は条約派と称されていた。その区別は、昭和五年四月に結ばれたロンドン軍縮条約によっている。

この軍縮条約はもともと大正十一年（一九二二）のワシントン会議で決定されなかった補助艦の建艦競争に歯止めをかける条約であった。ワシントン会議の折りには、主力艦については対米英比六割で日本は譲歩する形になった。もっとも国内では軍令部が対米英比七割を主張したが、加藤友三郎海相の決断でまとまっている。しかし海軍ではこのときから仮想敵国である米国に対しての七割主張派は対米英強硬派と色づけされた。これがのちの艦隊派である。一方で六割を主張するグループは対米英和解派、のちに条約派とされた。この対立が表面化したのがロンドン軍縮条約であった。

ロンドン軍縮会議は日本全権の一員に海相の財部《たからべ》彪《たけし》大将が選ばれたが、会議は各国の思惑もあって混乱した。財部には補助艦が米国に対する比率七割、重巡洋艦は比率七割、潜水艦は現有の七万八〇〇〇トンの維持という方針が伝えられたが、ロンドンの軍縮会議では重巡が六割、潜水艦は日本、米国、英国とも同量の五万二七〇〇トンの方向で進んだ。補助艦の総トン数は対米比率六九・七五%で、七割にわずかに足りなかった。財部はこれで妥結したいと東京に伝えてきたが、軍令部部長の加藤寛治、次長の末次信正らは七割ではないと反対した。対米英強硬派の意地のようなものだった。

海軍部内はまとまらなかったが、浜口雄幸《おさち》首相は現地の交渉で妥結を図ることにし、天皇もそれに同意を与えたと考えて財部にその方向での妥結を命じたのであった。財部はこうして軍縮会議をまとめることになった。

おさまらないのは対米強硬派で、のちに軍令部部長となる伏見宮博恭王や東郷平八郎らの長老を動かして、これでは海軍は軍事に責任がもてないと反撥した。これに海軍部内の若手士官が呼応して国家改造運動にのりだしたのである。

さらに政友会がこれを利用して、財部海相らが軍令部の意向を無視して「統帥権を干犯《かんぱん》したではないか」と議会で浜口内閣を責めた。政友会は内々に軍令部と通じていたのである。ここに昭和前期を動かした「統帥権干犯」という語が表面化し、参謀本部、軍令部のいわゆる統帥部が政治を黙らせる名分を獲得した。昭和前期に軍事主導体制を促す名分であった。元はといえば、政党政治の国益を忘れた抗争にあった。

ターニングポイントは昭和六年

昭和前期はこうした動きを内包しながらしだいに軍事主導体制の素地をつくりあげていった。それには陸海軍内部のこうした動きが伏線となった。

第一期のターニングポイントになったのは昭和六年という年になる。この年は記憶されるべき年である。

三月には実は「三月事件」が画策されていた。「幻のクーデター」といわれている事件である。陸軍の中枢の幕僚もかかわっているのだが、大川周明一派の国家社会主義の団体が労働者などを動員して国会を包囲する騒乱状態を起こし、その機に陸軍の幕僚が政府要職の幹部を拘束し、辞表をださせ、そして陸軍首脳の宇垣一成を内閣首班にかつぎだすとの計画である。これは参謀本部の幹部や陸軍省軍務局長の小磯国昭、軍事課長の永田鉄山もからんでいるクーデター計画だった。最終段階で宇垣が変心したために、この計画は中止になったとされている。外部にはまったく洩れていない。計画にかかわった者も処罰されていない。これが明らかになったのは、昭和二十一年五月からの極東国際軍事裁判（東京裁判）においてであった。

そして昭和六年九月には満州事変が起こっている。日露戦争で得た権益（南満州の利権）を拡大したいとの思惑は、つねに関東軍のなかにあった。関東軍はその権益の地を保護するために駐屯していたが、そこでは中国の民族意識の昂揚と対立する構図があった。昭和六年五月に関東軍作戦主任参謀の石原莞爾は、上司である板垣征四郎の意見なども入れ、「満蒙問題私見」という文書を部内でまとめている。この文章の最初に「満蒙ノ価値」という項目があり、そこに「政治的国防上ノ拠点（朝鮮統治、支那指導ノ根拠）　経済的　刻下ノ急ヲ救フニ足ル」とあり、説明が付されていた。

この文章の末尾には、「第五　陸軍当面ノ急務」として三点があげられていたが、「一」には「満蒙問題ノ解決トハ之ヲ我領土トナスコトナリトノ確信ヲ徹底スルコト」とあった。そのうえで戦争計画を一日も早く練り上げ果断に実行することが説かれていた。武力の発動を辞さないともあった。

昭和六年九月十八日に奉天（現・瀋陽）の郊外柳条湖で鉄道が爆破されたのをきっかけに、日本軍は軍を派遣し、たちまちのうちに東北地方の制圧にのりだした。中国人による破壊工作と関東軍は発表したが、これは石原ら関東軍の将校たちによって行われた謀略工作だった。関東軍司令官の本庄繁も石原や板垣が行った関東軍の動員工作を承認している。朝鮮軍司令官の林銑十郎《せんじゅうろう》が独断で関東軍の支援として奉天に部隊を送ったりした。

関東軍は九月末から翌七年二月のハルビン入城まで一方的に兵を進めて東北地方を制圧していったのである。

若槻礼次郎首相や幣原外相は当初は不拡大方針を打ちだしていたが、具体的には暴走する関東軍を抑える行動はとれなかった。参謀本部の指導者も当初は不拡大の側に立っていたが、既成事実をつくってしまう関東軍の動きを追認するだけになったのである。

この間、前述の桜会の幕僚が中心になって青年将校や民間右翼を動かしてクーデターを起こそうとしていた。これが「十月事件」であった。満州事変を容認する軍事政権を企図しての計画であった。三月事件よりは意図のはっきりした幻のクーデターでもあった。これも最終的には現実化せず、一般には知られることはなかった。だが政界や宮中周辺には意図的に伝えられて、恐怖を与えることになったのである。

暴力と謀略が現実をあっさりと変えていく

こうした動きに呼応して民間側が起こしたのが昭和七年二月、三月に起こった血盟団事件である。日蓮宗僧侶の井上日召に師事する農村青年が「一人一殺」を合い言葉に、民政党の前蔵相の井上準之助、三井合名理事長の団琢磨を暗殺している。井上日召は民間右翼として陸軍の中堅幕僚や青年将校、それに海軍の艦隊派の青年士官とともに国家改造運動を進めていたのだ。

被告たちは、農村の疲弊、統帥権干犯、政党政治の腐敗、財閥の横暴という国家の現状を憂いて軍事政権が必要だと判断していると公判で明らかにしている。暴力が公然と日本国内を闊歩していたということになるだろう。そしてそれは昭和七年の五・一五事件にゆきつく。政党政治は崩壊してしまったのだ。

昭和前期の第一期をこうして俯瞰してみるとわかるが、暴力、謀略が現実を実にあっさりと変えていくことが示されている。軍事指導者たちは、暴力をもって自らの意図する方向に国を動かしていったという意味にもなる。暴力を許容する空気の背景には、現実があまりにも苛酷なために社会変革を望む意識があり、そのためには暴力もやむなしという倒錯した心理が生まれていったのだ。

昭和史を見つめるときに、その第一期がこのような状態であったということは、私たちに多くの示唆を与えているはずである。この期間に、近代日本の矛盾そのものが顕在化するとともに、もう一方でこの期間そのものが因となっての次代の空気がつくられていったといえるだろう。

吉田茂は、戦後になって著した自著（『回想十年』昭和三十二年刊）のなかで、満州事変から太平洋戦争の敗退まで（つまり昭和前期ということになるが）を「歴史の大きな流れから見れば、日本の本然の姿ではなくて、ただ一時の変調であったことを知るのである」と分析している。実に適確な表現だと私には思える。

日本主義、国体観念への自覚

第二期は昭和八年から昭和十五年までということになる。この期は大きくいえば、暴力からはどのような意識が生みだされるか、暴力そのものがもつ増殖性が社会に定着していく時期といっていいであろう。すでに記してきたように、臣民意識涵養《かんよう》運動が昂揚し、それは昭和十五年の皇紀二千六百年までの異様な精神空間をつくりあげたといっていいのではないかと思う。

この間にどのような事件が起こったかを見ると、見事なまでに三つの流れがあることに気づくだろう。私は昭和史の検証を三十年余にわたってつづけてきて、実はこの第二期がもっとも突出した日本主義的な社会空間だとの思いがしている。どういうことかというと、近代日本は制度や手法、それにその外形は欧米からとり入れたにせよ、その内部の心理、精神はいつかいちどは日本的な心理作用によって反撥が起こるに違いなかったのだ。そのような宿命をもっていた。

それがこの第二期に顕在化したとみることができる。

三つの流れのひとつは「五・一五事件の裁判でみられた被告たちへの異様な同情」「共産党員の転向にみる日本主義への回帰」「天皇機関説排撃運動による天皇神格化」「官民挙げての国体明徴運動の国体観」「文部省による『国体の本義』の刊行」「国定教科書の改定による軍国主義化」「国民精神総動員運動の勃興」という流れである。いわば日本主義、国体観念への自覚という流れである。

次の流れは、昭和十年八月に起こった陸軍省での永田鉄山軍務局長殺害事件、そして十一年の二・二六事件、これ以後につづいた昭和十年代初期の要人暗殺未遂事件といったテロ、クーデターなどの暴力事件の系譜である。それは昭和十二年七月の日中戦争勃発にもつづいていて、戦時下とはいえ中国の国民への国際法を無視した暴力事件が起こっている。

第三の流れは、政治の方向が一気に、しかも見える形で軍事主導体制に進んでいったということだ。この流れを戦後の政治学者たちは超国家主義といった政治的な分析を行うわけだが、政治が軍事に従属していく流れが見てとれるといってもいいだろう。しかもこの流れのなかに、昭和日本の官僚組織のなかで文官と武官がそれぞれ自らの集団の面子《めんつ》をかけた戦いがあったといってもよかった。

補足しておかなければならないが、この第三の流れのなかには、満州国建国（昭和七年三月一日）が国際連盟でまったく認められず、満州事変の真因を調査したリットン調査団の報告が国際連盟の総会にかけられて賛成四十二と反対一（日本）、棄権一（シャム）で採択され、連盟を脱退した日本の動きも含まれている。これによって、日本は国際社会で孤立して、それがドイツからの誘いに応じた日独防共協定、やがて日独伊三国同盟（昭和十五年九月）へと結びついている。

天皇機関説排撃から国体明徴へ

第二期のこの三つの流れを詳細に分析することは、政治学、社会心理学、経済学などの各分野で行われている。私の見るところ、この間を超国家主義、軍国主義、そしてファシズムの完成されていく期との分析が多いように思う。私もそのことにとくべつに異存はないが、この期を理解するには三つの流れのなかから象徴的な事件・事象をとりだしてその関連性を検証してみるべきだ。

最初の流れは、天皇機関説排撃運動から国体明徴運動を見てみるとわかりやすい。国民の意識を臣民で統一していこうという動きのなかに、昭和という時代が入り込んでしまった迷路があると思えるからだ。言論空間がもともと狭い日本では、ひとつの論が意図的に流されるとたちまちのうちに火がつくという言い方もできるのである。その格好な事例だといえようか。

この天皇機関説排撃運動の発端は、昭和十年二月十八日の貴族院本会議での菊池武夫の質問である。天皇機関説は統治の主体が国家にあるとするがそれはおかしいといって、「我が国の憲法上、統治の主体が天皇にあるのでないということを断然公言するような学者著者というものが、一体司法上から許さるべきものでございましょうか」ときめつけている。原理日本社という、いわば神がかりの学者や歌人（蓑田胸喜《みのだむねき》や三井甲之《こうし》など）たちの集まりが刊行している機関誌をもとにした質問であった。この質問に関して、松田源治文相は、こうした論は学者に委《まか》せておくべきと思うと答えると、菊池はさらにこういうことをいう学者は「学匪《がくひ》」とまで罵った。この質問に刺激されて何人かの議員が同様の内容を政府に質《ただ》す状態になった。

これに対して美濃部達吉は自らも貴族院議員として壇上で弁明の演

説を行っている。すでに三十年も前からこうした学説は説かれており、今になって問題になるのはおかしいともはねつけた。新聞も当初はその論に好意的だったのである。しかし貴族院では次々と議員がこの説はおかしいと批判していき、これに穏健派の議員も同調を迫られる状態になり、この動きは衆議院にも飛び火していった。この年二月から三月にかけて、貴族院議員と連動した議員たちがこの機関説を批判し、政府に同調を求めた。

こうして昭和十年三月二十三日には、衆議院本会議に「国体明徴に関する決議案」が上程され、政友会総裁の鈴木喜三郎が説明にあたって満場一致で可決された。その決議案は次のような内容だった。

「国体の本義を明徴にし人心の帰趨を明にするは刻下最大の要務な

り。政府は崇高無比なる我国体と相容れざる言説に対し直に断乎たる措置を取るべし。右決議す」

美濃部の天皇機関説は、大幅に手直しが要求され、文相はこうした国体の本義に疑惑を生ぜせしめるような言説は慎しむべきとの談話を発表した。美濃部達吉は不敬罪で衆議院議員の江藤源九郎から告発を受ける事態になったのだ。

国体（天皇制）の観念を守り、そこから逸脱してはならない。欧米の学説（天皇機関説はドイツ法を範にしている）の否定、そして日本精神なるものが鼓吹され、それが昭和十二年三月に文部省から刊行された『国体の本義』となるのである。神格化した天皇、そして天皇への報恩だけが強調されるのであった。国民は臣民として、その思想の枠組みを制限されていくことになった。

二・二六事件がもたらした恐怖感

次の流れは、暴力が前面にでてきたという意味で考えるとわかりやすい。陸軍省軍務局長の永田鉄山が皇道派将校の相沢三郎に、白昼陸軍省内で斬殺されるという事件につづいて、翌十一年二月には、二・二六事件が起こる。この事件は昭和という時代の方向を変えることになったが、政治家を含めての日本の指導者は軍人によるテロ行為を恐れるようになったのも当然であった。

なぜならこの事件では、岡田啓介首相、斎藤實内大臣、渡辺錠太郎教育総監、高橋是清蔵相、鈴木貫太郎侍従長などが襲われ、斎藤、渡辺、高橋は殺害され、岡田や鈴木は奇跡的に助かっている。決起部隊は警視庁や陸相官邸を制圧して、四日間にわたり自らの望む軍事政権の樹立を訴えた。具体的には皇道派の重鎮に政権をにぎらせるべきだというのであった。陸軍の指導部はこのクーデターが成功したときの自らの保身を考え、その行動もそれぞれが思惑を秘めて積極的には収拾にのりださなかった。

このクーデターが失敗したのは、天皇が一貫して断固討伐を主張したからであり、決起将校の要望にもまったく耳を貸さなかったからだ。天皇にすれば、股肱《ここう》の臣が殺害され、しかも自らの軍を勝手に動かすなど大権への許しがたい干犯行為と映ったのであろう。侍従武官長の本庄繁の恩情ある御沙汰をという申し出にも激怒した口調で反論している。二・二六事件はその細部を見つめると、未だ不透明な部分があるのも事実だが、この事件は昭和前期の歴史では、暴力のもつ恐怖感を利用して、軍事主導体制がつくりあげられていくきっかけになったといえるだろう。

昭和前期の国内での暴力はこの事件でピークに達したのだ。

この暴力が外にむかったのが翌十二年七月七日に起こった盧溝橋《ろこうきょう》での日中両軍の衝突である。これ以後、日本は中国への軍事的進出という行為を進めていき、やがて抜きさしならぬ状況に追いこまれていった。加えてその軍事的行為には、国際法を無視した残虐行為が含まれていて、日本は歴史的には大きな罪過を背負うことになった。その軍事的暴力性について個々に検証していくと、ほとんどが指揮官の資質、その人格に依るところがあり、歴史的にはもうすこし精査しなければならない。

つまり同じ状況にありながら、残虐行為を働いた部隊とそうでない部隊があったことはよく見つめておかなければならない。綱紀が弛緩する因のなかに、暴力のもつ拙速さが凝縮されているのも事実だからだ。

三国同盟への道

第三の流れとしていえるのは、政治が一気に軍事主導体制に傾いていったことだ。それは個々の史実、つまり第一と第二の流れがひとつに合流する形をとり、それが軍事主導体制を促進していく急流をつくっていくのである。もっともわかりやすいのは、国際連盟を脱退して国際社会で孤立していくとき、その孤立感を補うためにナチスドイツと提携していく強引な手法がその例である。もともと日本陸軍には親独的な空気があったにせよ、とくに二・二六事件以後、軍部にはしきりにドイツとの提携を主張する声が強まっていった。

ドイツのヒットラー政権も国際連盟から脱退して再軍備を行うと公然と宣言し、徴兵制を復活して強力な軍事力をもつことを宣言していた。そのドイツへの共鳴をもとに、昭和十一年に軍縮条約が失効するとともに、海軍内部にも対米戦必至の勢力が浮上して陸海軍ともドイツとの同盟にむかうことになった。むろん外務省や海軍内部の対米戦懐疑派、それになにより宮中の官僚たちには強固な親米英的空気があり、その勢力との対立が深まっていったのである。

昭和十一年十一月には日独防共協定が結ばれ、翌年十一月にはイタリアも加わっての日独伊防共協定となり、そしてそれがより軍事的な結びつきを深める三国同盟に傾斜していくことになった。この防共協定にはその名のとおり、共産「インターナショナル」の目的があらゆる手段を通しての「現存国家ノ破壊及暴圧ニ在ルコトヲ認メ、共産『インターナショナル』ノ諸国ノ国内関係ニ対スル干渉ヲ看過スルコトハソノ国内ノ安寧及社会ノ福祉ヲ危殆ナラシムルノミナラス世界平和全般ヲ脅スモノナルコトヲ確信シ……」とあった。つけ加えれば、ここまでドイツと反共産主義を目的に手を結んだにもかかわらず、昭和十四年八月にはドイツはソ連との間に独ソ不可侵条約を結び、九月一日にはポーランドに侵攻して第二次世界大戦が始まってしまうのだ。国際的な孤立に対する戦略をもてなかったのが、第三の流れとして指摘できる。そしてもうひとつこの流れのなかで指摘できるのは、二・二六事件の突出した暴力は、政治システムを具体的に変えることにも成功したということだ。陸軍内部の粛軍人事で皇道派、ないしそれに同調する軍人は省部から追われ、統制派主体の偏頗《へんぱ》な人事が幅をきかすことになったのである。

さらに二・二六事件のような不祥事は二度と起こさないという名目で、陸海軍大臣は現役武官制に戻したいと主張し、山本権兵衛内閣以来つづいていた陸相、海相は予備・後備役でもかまわないとのシステムを変えた。これによって陸相、海相には、現役の将官が選ばれることなり、陸海軍が現役武官を推さなければ内閣は組閣できないことになった。軍事主導体制のさりげない確立であった。陸軍はこの制度を利用して、権力を獲得していったのである。

そのうえで日中戦争をすすめるための国内体制として、戦費の増大が図られ、さらに国家の体制そのものを戦時体制に切りかえていく国家総動員法が、議会の抵抗にあいながらも第一次近衛文麿内閣のもとで強引に可決されていく。この法律は戦時体制法規ともいうべき内容で、「労務、物資、資金、物価、施設、事業、出版など国内の経済システムから日常の生活システムまですべての部門を一本の勅令で政府の統制下に置くことができる」というのである。近衛内閣はこれを現在進めている日中戦争には用いないとしていたが、現実には可決後すぐに運用面で幾つかの内容が実施されている。

政府の言もその場限りという状態になり、議会は存在そのものが問われることになった。

昭和前期の第二期を俯瞰してみて、このような三つの流れを読みとったとき、私たちはどのような考えをもつべきだろうか。私は、前述の五つの特徴が読みとれるように思う。昭和史を歴史として捉えた場合、もとより批判的に検証する手法もあれば、肯定的に検証して史実を見つめていく手法もある。だがそのどちらも局限化された事実を純化したあげくにツールとして史実を見つめることになりかねない。そのいずれも排して、三つの流れを検証していくと、昭和前期は批判的に見ていかざるを得ないというのが結論になると思う。

そのことをまずは確認しておきたいのである。

昭和前期の第二期の終末は、昭和十五年になる。前述の三つの流れはこの年に見事なまでに合流している。

皇紀二千六百年というこの年は、神話からはじまっている日本の誕生を祝うという名目できわめて象徴的な出来事が幾つもあった。政党は解党し、競って大政翼賛会のなかへ吸収された。近衛内閣は「基本国策要綱」を発表し、その方針は「皇国ノ国是ハ八紘《はっこう》ヲ一宇《いちう》トスル肇《ちょう》国《こく》ノ大精神ニ基キ世界平和ノ確立」を目的とするとした。

十一月に行われた記念式典では、臣道実践が強調され「神国日本」が声高に叫ばれることになったのである。それは国際社会で孤立していくことの、まさに裏返しでもあった。

太平洋戦争に総合的プログラムはなかった

そして昭和前期の第三期に入っていった。

この期間は、対米戦争を避けるための日米交渉も行われたが、つまるところ戦争という事態になり、昭和十六年十二月八日から二十年八月十五日（国際法上では九月二日）の三年八カ月が太平洋戦争の期間ともなった。したがってこの戦争をどう分析するかが、昭和前期の鍵にもなるし、この戦争について学ぶ、確認する、検証するというのが、昭和史そのものを理解することにつながっている。

太平洋戦争そのものについて書かれた書は千冊をはるかに超えると思うが、そのいずれの書を読んでも太平洋戦争が理解できるというわけではない。もとより日本軍国主義の侵略という視点だけでは見えないこともある。あるいはその視点を否定するだけでもわかったとはいえない。太平洋戦争をどのように理解するか。それは昭和史をより深く理解するために必須の質問であるし、さらにこの戦争から何を学ぶかという点でもきわめて重要だというべきである。

太平洋戦争の原因について、あるいは本質について、私はさしあたり次の五点は前提として確認しておかなければならないと思う。

㈠日中戦争の延長として太平洋戦争は起こっている。

㈡政治指導者はこの戦争についてはほとんどといっていいほど関わっていない。

㈢戦争目的は自存自衛のみでそれ以外の目的は掲げていない。
㈣軍事指導者は明確な戦略をもっていない（つまり戦争終結構想をもっていない）。
㈤軍事指導者のみが前面にでた戦争であった。

この五点はそれぞれの史実がすぐに指摘できる。統帥権干犯という恫喝を恐れて政治家たちはまったく口を挟むことができなくなり、本来果たすべき政治的役割も放棄し、軍事指導者のなすがままの状態であった。

その軍人たちは――東條英機首相兼陸相がそうなのだが――、この戦争をどのような戦争にするか、どの地点で鉾《ほこ》をおさめるのか、戦争によって何を獲得しようとしたのか、総合的なプログラムはもっていなかった。本来そのような役割を果たすべき政治家たちも、まったく歴史的使命感をもっていなかったのである。そのことは具体的に確認しておくことが重要であろう。

同時に、この戦争は「開戦の詔書」にあるとおり「帝国ハ今ヤ自存自衛ノ為蹶然《けつぜん》起ツテ一切ノ障礙《しょうがい》ヲ破砕スルノ外ナキナリ」という理由での戦いであった。日本の国策がことごとく米国、英国、そして中国に妨害されていて、その包囲を解くための戦いだというのであった。もとより自存自衛の意味は石油の供給が絶たれてのことで、この状態がつづけば日本は国の存亡の危機を迎えるとの意味を含んでいた。

昭和十六年四月から十一月までつづけられた日米交渉が、実際には十一月二十七日にアメリカから示されたハル・ノート（国務長官コーデル・ハルが野村吉三郎駐米大使に示した回答）によって、日本は交渉の妥結をあきらめて武力発動により局面打開を図ることになった。アメリカが示した条件のなかでも、日本は「仏印及び支那からの全面撤兵」「蔣介石政権以外の政府及び満州国の否認」「三国同盟からの離脱」の三点は受けいれることができないと判断しての武力攻撃でもあった。軍事行動がすべての懸案を解決すると考えたのである。

「聖戦完遂」「本土決戦」という幻想に酔う

三年八カ月の太平洋戦争は、戦闘そのものをもとにして分けていくと、次のように考えるべきではないかと思う（これは拙著『大本営発表は生きている』〔平成十六年刊〕にも紹介している）。

勝利（昭和十六年十二月八日から昭和十七年五月）
挫折（昭和十七年六月から昭和十八年三月）
崩壊（昭和十八年四月から同年十二月）
解体（昭和十九年一月から昭和二十年二月）
降伏（昭和二十年三月から同年八月）

緒戦は奇襲攻撃でもあったので、日本軍は真珠湾攻撃に成功し、東南アジア全域に破竹の進撃を始める。まさにアジアを席捲したのは日の丸の旗だった。しかし昭和十七年六月のミッドウェー作戦に失敗、そして八月のガダルカナルでの戦いに敗れ、以後はアメリカ軍の反攻作戦が目立ってくる。昭和十八年四月からは連合艦隊司令長官山本五十六の戦死、アッツ島の玉砕、日本軍はしだいにアメリカ軍の物量作戦に追いつめられていく。それが崩壊期である。

そして昭和十九年になると、トラック島の失陥により、東條首相兼陸相が参謀総長も兼ねるようになる。国務と統帥の分離が崩れるのだ。インパール作戦の失敗、マリアナ沖海戦の敗退、サイパン陥落、さらに十月からのレイテ決戦では特攻作戦にもふみきる。人間を兵器と見たてての戦争であった。昭和二十年三月から八月までは、東京大空襲、沖縄戦の玉砕、そして八月六日の広島への原爆投下、九日の長崎への原爆投下、やはりこの日のソ連による対日参戦となり、日本はポツダム宣言の受諾へといきつくのである。

これが軍事上の流れであり、日本は表面上はアメリカを中心とする連合軍の物量作戦に打ちのめされたということになるだろう。八月十五日には、大本営を中心とする統帥部の将校、あるいは陸軍省の将校などは、「聖戦完遂」「本土決戦」を呼号し、終戦を受けいれまいとクーデターまがいの行動を起こすが、つまりは天皇の聖断のまえにその行動は鎮圧されている。

昭和前期の第三期、その期間の太平洋戦争を昭和史の上からはどのように見るべきか。もとよりこの戦争について、軍事の専門家としてその詳細な検証を行っているとはいえない。確かにこの戦争については、同時代史としてどのように語られるかという視点は出されているように思う。だが〈歴史〉にあってはどう語られるか、それはもっか試行錯誤がつづいている。

この太平洋戦争は、昭和史を学ぶという視点では大まかにその輪郭や枠組みを捉えるにとどめておくべきであろう。なぜなら昭和史という全体図を理解するときに、太平洋戦争の局部や思想的な意味だけで見ては、昭和史全体の見方さえ歪んでしまうと思われるからである。ではどのように理解しておくか、ということになるが、それが前述の五点（一五〇〜一五一頁）といっていい。この五点をもとにした理解があるなら、太平洋戦争の原因や本質はわかってくるのではないかと思うのである。

この五点をくり返して補足しておくが、日中戦争の泥沼に足をふみいれたときに、圧倒的に軍事力に差のあった日本軍が中国を制圧できないのは、中国を支援する米国、英国の援助物資のためだと考え、その延長で反米英の方向に進み、太平洋戦争にゆきついたということを知っておかなければならない。

日中戦争という大義のない戦争にふみきったのは、主に陸軍の軍事指導者たちだが、このとき議会もまた実質的に軍事主導体制に移行していった。そのような事態に抵抗した政党人は少なく、そして実質的に昭和十年代には議会は死んだも同然の状態になった。そのことをまた確認しておく必要があるだろう。

日中戦争から太平洋戦争にと移行していくとき、東條英機首相兼陸相をはじめとする軍事指導者たちは、具体的な戦略をもっていなかった。ひたすら対症療法的な対応しかしていない。したがって対米英戦争も、自存自衛のみが目的であり、「東亜の解放」という主体的意思はまったくもっていなかった。むしろ東南アジアに、日本の自存自衛に都合のいい勢力範囲を想定して、これを大東亜共栄圏と称したのである。こうした曖昧な戦争目的に加えて、実際に対米英戦争をどのような段階で収拾するか、終戦の構想というのはほとんどもっていなかった。つまり戦略のない戦争をひたすらつづけたのであった。

太平洋戦争を昭和史の枠組みで論じるときに忘れてはならないのは、軍事指導者たちは戦時下という枠組みのなかで、国家を兵舎と考え、国民のすべてを兵員とみなし、それゆえに「一億総特攻」といった幻想ともいうべき言語空間をつくりあげ、そのなかでひたすら自己陶酔にふけったというのが現実だったということだ。それが昭和史入門という入口から入っていったときの当面の理解といっていい。

東条英機に思想や理念はなかった

こうして昭和前期を見つめてきて、しかもその時期を三つの期間に分けて考えてみてということになるが、私たちは何を学ぶべきか、あるいはこの期間から何を教訓として次の時代につないでいくべきか、を自問自答しなければならない。私の見るところ、昭和前期は私たちの歴史や文化、そして伝統という流れからいえば、きわめて重要なテーマを訴えていると考えられる。

このことを具体的に語って、昭和前期を検証する筆を止めておきたい。

満州事変、日中戦争、そして太平洋戦争とつづく軍事主導の時代、昭和前期はまさに〈戦争の時代〉といってよかった。近代日本が大日本帝国憲法を公布したのは明治二十二年、それから太平洋戦争の敗戦までは五十六年である。近代日本の政治システムがその病いを克服することなく迎えた最後の十九年、それが昭和前期であった。この戦争の時代に含まれている戦時指導者の人間としての恐るべき退廃、文化を軽視した軍事の独善、〈歴史〉というのはどのような流れをもっているかを考えようともしなかった無責任な発想、それらがとくに太平洋戦争の末期になればなるほど露呈するに至っている。

第三期の三年八カ月のうち、二年七カ月を担ったのは東條英機であったが、彼の思想や理念はまったく語られていない。つまり思想や理念はなかったのである。むろんこれは東條だけではなく、太平洋戦争の指導にあたった軍事指導者たちは誰一人として、思想、理念、哲学はもっていなかった。それゆえに彼らの戦争指導はどのような思想や哲学にも裏打ちされておらず、特攻作戦や玉砕といった人を人とも思わぬ戦術が平気で用いられたのである。

これは私がよく引用する話なのだが、戦時下の議会では東條の答弁がまるで児戯のような言い分で満たされていた。そのような答弁は幾つもある。議会での東條答弁は、質問した代議士とまったくかみあわなかった。東條はすぐに「必勝の信念で勝つ」というのであったが、ある議員が「必勝の信念の根拠はどこにあるのか」と質したことがあった。

東條の答は次のようなものだった。

「由来皇軍の御戦《みいくさ》さは、御稜威《みいつ》の下、戦えば必ず勝つのであります。これは光輝ある皇国三千年の伝統であり、信念であります。われわれの祖先は、御稜威の下、この信念の下にあらゆる努力を傾倒し、戦えば必ず勝って今日の帝国を築き上げてまいったのであります……」

戦時議会で生っ粋の政党人が東條との討論は不可能と判断したのは、このような答弁が連日つづいたからでもあった。

太平洋戦争にはこうした矛盾、疑問、それに空虚な精神論があり、そのために客観的に、あるいは実証的に事態を見つめる目は失われていた。国際法などは無視され、〈聖戦完遂〉だけが叫ばれる国家となっていたのである。こうした空間が、超国家主義、ファシズム体制という政治的用語で語られる空間でもあったのだ。

昭和前期を懇ろに埋葬する思いやりを

さてこうしてみてくると、結局のところ次のような疑問にぶつかることに気づいてくる。この太平洋戦争という、昭和前期の第三期がつくりあげていた空間のなかで、戦時指導者たちによって担われた戦争は、この国の伝統的な文化や価値観が辿りつくべき結果として存在するのだろうか、という疑問である。もしそうだとするなら、われわれはなんと偏狭で、そして非人間的で、冷静な判断のできない国民性をもっているのだろうか。

いや私たちの文化は、この戦争に凝縮している特異な性格はもちあわせていない、もっと堅実で、思いやりがあって、そして禁欲的なモラルがある、とするならば、昭和前期の第三期は私の言葉で語らせてもらえるならまさに、「亜種」というべき状況といっていい。あるいは錯誤のときだったといってもよかった。

国民性の宿痾《しゅくあ》なのか、それとも亜種だったのか。繰り返すが私は当然ながら「亜種」と考えている。それはこの時代の人びとの生きた姿を亜種といっているわけではない。太平洋戦争をもって、昭和前期のすべてだと論じるのは誤りだと私は言っているのだ。同時に、昭和前期に内包していた誤りは誤りとして認める勇気をもつべきだと、私は考えているのだ。

昭和前期を見つめるときは、傍観者のごとく批判の言だけを並べるべきではない。まして追随者としてすべてを容認する言を並べるべきでもない。次代の者として、この戦争の時代に生きた人びとの悼《いた》みを汲みとり、そして懇《ねんご》ろに彼らを埋葬するとの思いやりが必要ではないだろうか。

第三章　再生日本と新生日本の対立　昭和中期

八月十五日に共通する〈涙〉

太平洋戦争の終結を意味する天皇の玉音放送が流れた日、つまり昭和二十年八月十五日となるが、このときに日本人はどのような感慨をもったのだろうか。私の見るところ（戦争体験を綴った多くの書にふれてということだが）、大きく分けると三つのタイプになるのではないか。

ひとつは、この戦争は永久戦争の覚悟でつづけているのであり、敗戦で鉾をおさめることなどありえないと信じていた人たちである。主に軍人やこの戦争に積極的に加担していた人物、それにとくべつの考えはなく、ひたすら指導層の意見に従っていた人たちがそうである。

ふたつは、この戦争は一刻も早くやめるべきだとの信念をもっていて、その機会が訪れたことがよかったと回顧する人びと。そして三番目にもともとは政府や軍部のいうとおりに戦争遂行の側にいたのだが現実に戦争が勝算のない状況になっていることを知り、内心では早くに終わってほしいと考えていた人たちである。実際には国民の大半はこの三番目のグループではないかと私には思える。

そしてこのことを指摘しておかなければならないのだが、三つのグループの人たちに共通するのは〈涙〉であった。多くの手記や回想録を読んでいると、この〈涙〉に出会ってとまどってしまうほどである。この涙のあとに〈生の実感〉があり、新しい生活への思いをもつというサイクルがあったように思える。こうした体験を理解していくと、昭和二十年八月十五日までの戦争は、国民的体験の集積であったと思う。まずはこのことを私たちは理解しなければならない。

初めに二人の手記や回想録を紹介しておくことにしたい。

「軍部」と私たちがいうとき、この実体は軍政の責任部門である陸軍省軍務局と軍令の参謀本部作戦部を指すとみるべきだが、昭和二十年八月十五日時の大本営陸軍部（実質的に参謀本部を指す）の作戦部長だった宮崎周一の『大本営陸軍部作戦部長　宮崎周一中将日誌』（軍事史学会編、二〇〇三年刊）には、次のようにある。

「正午　玉声ヲ以テ終戦ノ詔書ヲ拝ス　一億万民悲憤消沈ノ心喩フヘキ辞ナシ　陸軍大臣阿南《あなみ》大将本暁自刃シテ罪ヲ謝セラル　辞世アリ（略）台上ハ日夜書類焼却ノ為炎ノ揚ルヲ見ル　敗戦ノ憂状明ナリ

衛生其他ノ勤務兵最近召集未訓練ノ将兵ノ事ナレハ逃亡頻出ス　軍紀ヲ奈何《いかん》セン」

とくべつに感情のブレを書いているわけではないが、敗戦時の混乱が率直に書かれている。敗戦と知って参謀本部に来ている召集兵も逃亡してしまったとの記述は、日本陸軍もその中枢部で混乱が起こっていることをあらわしている。

もう一人の手記は、評論家の古谷綱武の夫人・吉沢久子の日記（『昭和戦争文学全集　第十四巻』一九六五年刊より）である。吉沢は夫の召集後に日記を書いていたそうだが、その日記の八月十五日の記述は、前述の三のタイプの典型的なものである。そこには次のように書かれている。長くなるが引用しよう。

「七時二十一分、特別に今日正午より、天皇陛下の御放送あることを告げる。いよいよ、陛下おんみずからのお言葉として事態を解決せられるのだ。陛下のお心を思い、思わず涙が出る。

道をあるけば、ひそひそと話している声、なんとなく耳にはいる。戦争が終ったらどうなるかということがそのすべてである。今朝おとなりのおばあさんが、『戦争が終ったら、甘いほんとのお砂糖をいれたお萩をつくってやるよ』とお孫さんにいっていたのが頭に浮んでくる。

午前中さまざまな噂が巷《ちまた》にみちている様子だ。銀行は払戻しを停止するであろうなどということもいっている。

十二時十五分前から街のラジオをききに出る。私は今日この、陛下の御放送を、かならず街で拝聴しようと思っていたので街に出たのだ。ひとびとはまだ、半分はわかり、半分は不可解な顔をしているが、やはり最悪を予期した顔である。

五分前、四分前、近づくに従って続々とひとびとが集ってくる。『きかせて下さい』と挨拶《あいさつ》して、みんな帽子をぬぐ」

玉音放送を待つ間の感情が率直に書かれている。そして吉沢の記述は次のようにつづく。

「時報、つづいて、玉音をきく。ひとびとは粛然と頭を下げ、一瞬、街はしずかなこと、むしろさまざまの思いに胸がみちる。

一語一語、玉音は心にしみわたり、涙が頬を伝う。今後ほんとに一所けんめいに、とにかく日本人同志の争うことのないように働かねばならぬこと、胸にしみて思う。働こう。

街は静かである。

ひとびとの顔にもまた特別のあらわれはないようだ。ただやはり疲れきったためであろうか、ふと戦争終了ということに対して明るくなる顔のあったことは見のがせなかった。これは自分の心の反映であろうか。しかし私は自分の眼を、それほど信じないものではない」

ここに書かれている感情が庶民の心理をそのまま代弁しているように思う。国民の誰もが敗れたことへの悔しさ、しかしこれからはどのようにして国の再建にむかうかの思いをもったことがわかる。私は、昭和中期という言葉を用いるが、アメリカを中心とする連合国による占領支配を受けるということは、このような国民感情をもとにして昭和の日本の断面があったように思う。そのような意味では、昭和中期は日本人にとっては壮大な歴史的実験を試みた期間ということもできるように思う。

満州事変から数えて十四年、とにかく大日本帝国はその軍事力を失うことで敗戦という事態を受けいれることになった。アメリカ、イギリス、そして中国の政治指導者の名によって伝えられたポツダム宣言（一九四五年七月二十六日）は、その第十項で「吾等の俘虜を虐待せる者を含む一切の戦争犯罪人に対しては厳重なる処罰を加へらるべし」と謳っていた。日本がどのような状態になるかは、この一項からも窺うことはできたのである。

八月十四日の閣議では、こうした事態に備えて日本の官庁や軍事組織はその文書、記録、それに資料は一切焼却することを申し合わせた。既述のとおり、十四日の夕方から十五日の未明にかけて、東京の永田町一帯だけではなく全国の官庁などで焼却の煙が登りつづけた。文書や記録に関してこれほど責任感のない指導部は歴史上でも珍しいといっていいだろう。

前述の宮崎の日記の記述にも「台上（注・市ケ谷台上、つまり軍事機関のあった場所）ハ日夜書類焼却ノ為炎ノ揚ルヲ見ル」とあるのは、そのことをあらわしている。

大日本帝国の戦争決算

大日本帝国は昭和の一連の戦争によってどれだけの被害、あるいは損害を蒙ったのであろうか。この場合の損害とは、たとえば財政的にみて日本は一連の戦争によってどれだけの戦費を使ったのか、国家予算はどれほどに及んだのか、という見方もあるし、戦争によってどれだけの領土を失ったのか、植民地経営についての利害得失を検証するとの見方もあるだろう。あるいは戦死者の知的レベルがどれだけ戦後の国力の発展に影響を与えたか、といった視点で確認してもいい。

さらに「侵略」という汚名を浴びせられての国の信用度、戦争被害に対する損害賠償なども戦争の決算のひとつには数えられるにちがいない。日本が中国を始めとして幾つかの国に与えた被害は、詳細なデータがないのでまずは日本の戦争被害について考えてみることにしたい。

初めに第二次世界大戦で各国がどれだけの戦費を使ったのか、私の手元にある資料（『全抑協百問百答』全国抑留者補償協議会編〈一九八三年刊〉）によれば、その出典は明示されていないのだが、次の数字が紹介されている（いずれも単位はドルである）。

アメリカ	三一七六億
ソ連	一九二〇億
イギリス	一二〇〇億
ドイツ	二七二四億
イタリア	九四〇億
日本	五六〇億

アメリカは実に日本の約六倍の戦費を使っている。次いで多いのは

ドイツということになるが、第一次大戦後の荒廃から立ち直って獲得した経済力をすべてつぎこんで敗北したということになる。日本は国力にこれだけの開きがあったにもかかわらず、最終段階では一国で国際社会の大半の国を相手にしたのだから、かなりの無理をした戦争だったというべきだ。

人的被害はどうだったか。昭和二十三年度の経済安定本部、それに厚生省援護局などの資料をみていくと、まず軍人・軍属の戦死者、戦傷者（行方不明者を含む）の数字は、陸軍が合計で一四三万五六七六人、内訳は死亡が一一四万四二九人、戦傷者は二九万五二四七人、海軍は合計で四二万九〇三四人、そのうち四一万四八七九人が死亡で、戦傷者は一万四一五五人であった。

対戦国名	戦死者数	戦傷者数	合　計
アメリカ	485,717	34,679	520,396
イギリス	208,026	139,225	347,251
中国	202,958	88,920	291,878
オーストラリア	199,511	15,000	214,511
仏印	2,803	6,000	8,803
満州ソ連	7,483	4,641	12,124
内地	10,543	6,782	17,325
その他	23,388	——	23,388
計	1,140,429	295,247	1,435,676

『全抑協百問百答』より

このなかで陸軍の戦死者、戦傷者についてどの国との戦闘での犠牲者だったかを見ていくと上掲の表のような数字になる。

この表には対ソ関係の抑留者の数字は入っていない。日本の人的被害は対米英戦による戦死者が全体の六〇％を超えていることがわかる。中国での戦争では十四年間の戦死者は全体の一八％にすぎず、日本の人的被害は対米英戦によったということになるだろう。しばしば語られることだが、こうした人的被害のなかには有能な人材も数多くいたであろうから、日本の損害は別な意味でも大きかったとの論も成りたつのである。

〈民主化と非軍事化〉――二度と戦争のできない国家

こうした人材の損失まで含めると、日本は太平洋戦争によって失うことのみが大きかったといういい方ができる。しかしそうしたことを前提に何を得たのかという視点で考えれば、この戦争を体験することによって、戦争の愚をさとり、二度とこのような政策を採ってはならないとの国民的な決意も生まれたのではないかと思う。そのような財産が昭和中期にどのように具体化されていったのかを見ておくことは重要である。そこでこの昭和中期をどのように理解していくべきか、を考えておく必要がある。

アメリカを中心とする連合国は、日本を占領支配する機関として、GHQという組織を発足させている。一九四五年十月二日である。GHQとはGeneral Headquartersの略だが、日本語では連合国最高司令官総司令部といわれていた。GHQは講和条約が発効する日（昭和二十七年四月二十八日）までの間、日本占領の具体的な指令を発し、それが現実化されているか否かを確認する機関でもあった。俗な言い方になるが、昭和中期の「実質的な政府」ともいえた。したがって、GHQの最高司令官であるダグラス・マッカーサーは日本政府の影の責任者だということもできた。マッカーサーは、日本を占領支配するなかで自らをカリスマ的地位に高めて、日本人の間でも神秘的な意味をもって語られたりもした指導者であった。

さてこのＧＨＱは、昭和二十七年四月二十七日まで日本を実質的に支配したのだが、その占領政策は二つの期間に分かれるように思う。昭和中期の第一期と第二期である。第一期は昭和二十年八月十五日から（法的には九月二日からというべきだが）昭和二十四年一月までといっていいのではないか。この期間のＧＨＱの基本的な立ち場は〈民主化と非軍事化〉であった。とにかく日本を二度と戦争のできない国家につくりあげるというのが、その本来の意図である。

このあとの期間、つまり昭和二十四年二月から二十七年四月二十七日のそのときまでは、昭和中期の第二期と呼ぶべきではないか。あるいはそのように称すべきではないか、というのが私の考えである、この期間は、民主化と非軍事化にかわって〈東西冷戦の西側陣営の橋頭《きょうとう》堡《ほ》〉という見方ができるように思う。日本は、独立国ではない状態で、実質的にアメリカの傘の下にいる同盟国、もっといえばアメリカの戦略や政策に異を唱えることのできない国家という位置づけがされることになる。

昭和天皇とマッカーサーの対話

この二つの時期を通して、日本は独立を回復することになった。しかしそれ以後の昭和という時代も実際にはこの二つの時期が影を落としての時代ということができた。

六年八カ月に及ぶ昭和中期の間にどのような歴史的な出来事が刻まれているか、それを確かめてみる。年表のなかでももっとも重要と思われる出来事は次の十の事件・事象である。この事件・事象に象徴されるような時代空間が昭和中期でもあったのだ。

昭和二十年十月　ＧＨＱの人権指令

昭和二十一年一月　天皇の人間宣言

同年十一月　日本国憲法公布

昭和二十二年六月　片山哲社会党内閣成立

昭和二十三年十一月　極東国際軍事裁判（東京裁判）の判決

昭和二十四年二月　第三次吉田茂内閣成立
昭和二十五年六月　朝鮮戦争勃発
　　　同年七月　マッカーサー、警察予備隊発足指令
昭和二十六年四月　マッカーサー解任
　　　同年九月　サンフランシスコ講和会議／日米安全保障条約調印

そして昭和二十七年四月二十八日に講和条約の発効に至るわけである。

昭和中期のもっとも重要な歴史項目は、以上の十項目と考えると、この期間の特質が浮かんでくる。第一期と第二期の区切りは、東京裁

判の判決、そして七人のA級戦犯の絞首刑という段階とみることもできるが、私はむしろ昭和二十四年二月に誕生した吉田内閣の政治姿勢が、GHQの対日方針政策の変更に伴って、東西冷戦の西側陣営への指向を明確にしていくときが、第一期と第二期の分かれ目と考えたほうがあたっているように思うのだ。

そしてこの占領期間中、昭和天皇とマッカーサーは十一回にわたり会見を行っているが、これは年表には見えてこない重要な史実ということができる。昭和天皇とマッカーサーの第一回会見は昭和二十年九月二十七日に行われている。このときにどのような会話を交わしたかについては、具体的には明らかにされなかったのだが、その内容について外務省が、平成十四年十月に情報公開法にもとづいての開示請求で公開している。のこり十回は未だ公開されていないが、この第一回の内容からある程度のことは窺えてくる。

この会見のなかでもっとも重要とされているのは、冒頭にマッカーサーが人類の平和についての自らの哲学、思想を披瀝《ひれき》したあとに行われた次の対話であったとされている。天皇はマッカーサーに対して次のように言ったというのだ。

「此ノ戦争ニ付テハ、自分トシテハ極力之ヲ避ケ度《た》イ考デアリマシタガ戦争トナルノ結果ヲ見マシタコトハ自分ノ最モ遺憾トスル所デアリマス」

これに対してマッカーサーは次のように応じたと記録されている。

「陛下ガ平和ノ方向ニ持ツテ行ク為御軫念《ごしんねん》アラセラレタ御胸中ハ自

分ノ充分諒察申上グル所デアリマス。只一般ノ空気ガ滔々トシテ或方向ニ向ヒツツアルトキ、別ノ方向ニ向ツテ之ヲ導クコトハ一人ノ力ヲ以テハ為シ難イコトデアリマス。（以下略）」

天皇は、自分がこの戦争の責任を負うためにここにやってきたと述べたので、マッカーサーはその勇気に感動したというふうに語られてもきた。それはのちにマッカーサーが著した回想録のなかに書かれているのだが、実際にはこのような会話であったというのが公式文書からは伝わってくる。

しかし昭和天皇とマッカーサーは、この昭和中期に十一回の会見を行うことで、食料問題や防衛問題について相互に意見の諒解をみて、この国をどのような方向に進めるかについては基本的な枠組みで諒解事項をつくりあげていたということがいえる。そしてこのふたりの関係こそが昭和中期の政治を貫いている骨格であり、これを抜きにこの期間を語ることはできない。そのことがなぜ表面化していないのかということだが、天皇は新しい憲法のもとでは「国民統合の象徴」であって、一切の政治的行為は行えないことになっているために未だ明らかにされていないということであろう。

天皇自身も昭和五十二年には宮内記者会との会見で、マッカーサーとはどのような会話を交わしたのかという質問を受けて、その内容についてはお互いに話さないことになっている、それが男子の一言である、という意味のことを答えている。そして終生、その詳細は明かしていない。

ＧＨＱの「人権指令」

昭和中期の第一期をまず見ていくことにするが、アメリカは日本に対してどのような民主化政策を求めたのか、それを確かめていく必要がある。基本的には、アメリカはヨーロッパの国々とともにすでにデモクラシーの体制を国家の骨格に据えている。その体制を日本にもちこむというのが占領政策の骨子であった。日本を民主化するというのは、そういうことであった。非軍事化するという意味は二度と戦争のできる国家にしないとのことであった。昭和二十年十月四日に、ＧＨＱが日本政府に通告してきた民主化の第一弾は、「政治的、公民的及ビ宗教的自由ニ対スル制限除去ニ関スル司令部覚書」、いわゆる「人権指令」だった。

この覚書によると、まず「左記一切ノ法律、勅令、命令、条例、規則ノ一切ノ条項ヲ廃止シ且《かつ》直ニ其ノ適用ヲ停止スベシ」とあり、三項目が挙げられていた。その第一項は「思想、宗教、集会及言論ノ自由ニ対スル制限ヲ設定シ又ハ之ヲ維持セントスルモノ　天皇、国体及日本帝国政府ニ関スル無制限ナル討議ヲ含ム」とあった。そして第二項には「情報ノ蒐集及弘布ニ対スル制限ヲ設定シ又ハ之ヲ維持セントスルモノ」とあった。国民には一切の自由を認めるというのであり、不敬罪や治安維持法をはじめとして言論、出版などへ制限を加える法律はすべて停止になった。さらに「内務省ノ官職ヨリ左記ノ者ヲ罷免スベシ」といい、内務大臣、警保局長など表現の自由抑圧に携わっていた責任者の部門は廃止となることが決まった。特高警察の廃止であった。

こうした覚書によって、昭和のそれまでの弾圧に使われた法律はすべて廃止になったのだ。GHQとしては、市民社会の市民として自立せよとの通達を日本国民に示したという言い方ができた。

日本国民はこのような方針が具体的にどのようなことをあらわすのかをしだいに知っていった。たとえばアメリカの週刊誌『ライフ』が日本の書店でも売られている。そこにはムッソリーニが情婦とともに街頭でつるされている写真が掲載されている。こうした写真を見て、作家の高見順は『敗戦日記』（一九五九年刊）のなかで、日本人は戦時指導者の東條に対してこのような私刑を加えないといったうえで書いている。

「日本人はある点、去勢されているのだ。恐怖政治ですっかり小羊の如くおとなしい。怒りを言葉や行動に積極的に現わし得ない、無力、無力の人間にさせられているところもあるのだ。東条首相を逆さにつるさないからといって、日本人はイタリー人のような残虐を好まない穏和な民とすることはできない。

日本人だって残虐だ。だって、というより日本人こそといった方が正しいくらい、支那の戦線で日本の兵隊は残虐行為をほしいままにした」（昭和二十年十月五日）

さらに翌十月六日には、次のように書く。

「五日の新聞が今日のと一緒に来た。聯合軍司令部の指令なるものを詳しく読んだ。

特高警察の廃止、――胸がすーッとした。暗雲がはれた想い。しかし、これをどうして聯合軍司令部の指令をまたずしてみずからの手でやれなかったか。――恥かしい」

日本の知識人にはこうした自省が生まれていたということだろう。GHQの民主化の指令は、日本の知識人には歓迎されたといえるし、その一方で一部の知識人たちはすでにデモクラシーについての空気を知っていて、その空気を歓迎していたことがわかる。

占領期から昭和史を見ると

この第一弾に続いてということになるが、この年十月十一日には、マッカーサーは幣原喜重郎に対して「五大改革」を指示した。この五大改革を早急に行うようにとの指示であったが、それは、㈠婦人の参政権を認めよ、㈡労働組合の組織化の促進、㈢学校教育の民主化、㈣秘密審問司法制度の廃止、㈤経済機構の民主化――であった。こうした方針を受けて、日本政府は独自に農地改革を行うなど、幣原内閣も民主化の方向をめざして施策を進めることになった。

軍閥に関わりのある組織は解体され、前述の五大改革に沿って、それぞれの分野での民主化が昭和二十年十二月まで一斉に進んだ。そのスピードについていけない日本人がいる反面で、すばやく対応していく者もまた多かった。

昭和中期の第一期の特徴はこのように民主化路線のすばやい実施で

あったが、しかし日本をどのように統治していくかについて、アメリカ政府は、天皇をどのように扱うか、新憲法をどのようにつくるか、そして旧体制の指導者たちを裁く東京裁判をどのような形で実施していくか――の三点こそがもっとも重要だと考えていた。この三点について明確な判断をくだすことが日本の占領統治に成功するか否かの鍵をにぎることになったのだ。

前述のように、言論の自由を始めとして一切の自由が保障される体制になって、硬派の雑誌にまじっていわゆる軟派のカストリ雑誌も生まれた。また戦前にかくされていた史実や歪められていた史実、さらにはまったく虚偽の政府発表などが次々とあばかれていった。昭和前期の事実について、いかに国民がほとんど知らされていないかも明らかになっていった。

私は、昭和史を系統だてて学ぶときに、もとより昭和前期から順を追って学んでいくのも一法だと思うが、昭和中期の占領期間から見ていくのも意外に昭和史の理解を深めるのに役立つと思う。なぜならGHQの占領政策は昭和前期の国策を否定する形になっているので、どのように否定されたのかという視点をもって、その否定された史実を見ていってもいいからだ。GHQは天皇制をどのように見たか、憲法をどのように変えたのか、旧体制の戦時指導者たちをどういう形で裁いたのか、の三点によってこそ昭和史を軸にして否定された史実をよく学んでいけるのである。

この三点をどう理解するかで、昭和史を見つめる目も異なってくることを知っておくべきではないかと思う。しかもこの三点は、平成に入っても未だ論議が続いているといってもいい。一例を挙げれば、天皇についていうなら皇位継承をめぐっての皇室典範論議の内容を見ていくと、天皇制をどのようにこの国に定着させるかについての論が含まれていることがわかる。象徴天皇としての役割をどう具現化するかが今に至るも曖昧だといえる。憲法についても、昭和前期の矛盾やその解釈をめぐる政治的関係を克服するために、新しい憲法が生まれたのだが、その憲法自体、それ以後の政治的現実と比べてみると新たな矛盾があることがわかる。

それを解釈でのりきっていること自体、やはり問題を含んでいるということになるだろう。そこに生まれた新しい矛盾が肥大化しているのも事実なのだ。

そして東京裁判についても、しだいに次の世代により新しい視点からの問いかけも行われるようになり、この裁判が行われたころの解釈、あるいはその後の戦後社会で一般化していた解釈や理解はときに見直されつつあるのも事実である。

こうした時代による変化は、昭和という時代も、世代がかわり、政治・社会状況がかわれば容易に見直されるということを示しているのだろう。もっともこうした見直しがすべて正しいというのは偏狭な見方であり、なかには単純に昭和前期をすべて容認し、昭和中期を占領下であったとしてすべて否定するに急というだけの勢力や論者がいることには注意を払わなければならないように思うのだ。

天皇の運命はマッカーサーに託された

この三点について大まかにはどのようなことを理解すればいいか、そのことを説明しておきたい。昭和中期は確かに日本が占領されていた時代であったにせよ、GHQの政策には日本の政府も積極的に賛意を示し、その実施にあたっては果断に行って、いわゆる戦後民主主義の社会をつくるために一定の役割を果たしていたことは理解されなければならないからだ。

三点のうち、天皇制についてどのような史実が重要なのかを明らかにしておきたい。

昭和二十年九月二日に東京湾上のミズーリ号上で無条件降伏文書が

交わされたとき、アメリカは天皇制についてどのように扱うか明確な態度は決めていなかった。アメリカの国務省内部にも天皇制廃止論、天皇制は存続するにしても裕仁天皇は替えなければならないとの論、君主制を維持することで日本統治が容易になるとの論などさまざまな論があった。ただ戦争末期に国務次官だったジョセフ・グルー（開戦時の駐日大使）が存続論を主張していたこともあって、天皇制を温存しようとの論は強かったのである。

グルーの論は、日本社会における天皇は女王蜂のようであり、この女王蜂を除いてしまったら、日本社会は混乱するだけでなく、日本人は方向性を失ってまとまりがなくなると主張していた。この論はアメリカの政府内部にも一定の力をもっていたのである。

占領政策の実施にあたって、アメリカ統合参謀本部は昭和二十年十一月下旬にGHQの最高司令官であるマッカーサーに、秘密で電報を送り「天皇の戦争犯罪行為について密かに調査し、貴官の意見を報告せよ」と命じている。こうして天皇の地位については、マッカーサーの考えが重要な意味をもつことになった。マッカーサーに天皇の運命は託されたという言い方もできるであろう。

マッカーサーはどのような回答を返したか。これが占領から半年余の間のもっとも重要な史実にもなった。

結論からいえば、マッカーサーが陸軍省に天皇の地位についての私見を返したのは、昭和二十一年一月下旬のことである。この回答はきわめて明確な内容であった。マッカーサーは日本統治のために天皇制は存続されるべきであり、もし天皇制を廃止してしまったらわれわれは百万人もの兵員を日本につぎこんで占領政策を進めなければならないだろうと勧告したのである。この回答が結果的に効を奏して、天皇制は存続したともいいうるが、反面でマッカーサーは自らが日本占領の指導者として歴史的に名をのこすために、天皇を用いて日本国民を間接統治しようとしたという事実もまた汲みとっておかなければならない。

「人間宣言」は〈天皇の民主主義宣言〉だった

昭和中期の天皇制を考えるときに重要なのは、この統合参謀本部がマッカーサーに宛てて天皇の戦争犯罪行為について私見を求めたときから、マッカーサーが回答を返すまでのほぼ二カ月間の史実である。

このときにどのような史実があったかを見ておかなければならない。

もっとも重要なのは、昭和二十一年一月一日に天皇によって発せられた「新日本建設に関する詔書」である。この詔書は一般的には「人間宣言」といわれているが、この宣言によって天皇は名実共に自らの存在は神格化してはならないと国の内外にむけて発したということができた。この伏線になったのは昭和二十年十二月十五日にGHQによって発せられた「神道指令」であり、ここで天皇家の祖先を祀っている伊勢神宮を始めとして全国の官・国幣神社は国家の機関としての役割からはなれることになったのであった。

GHQのGS（民政局）には、一般にはニューディーラーといわれる民主派の将校が集まっていて、彼らは天皇制には冷たい目を向けていたが、しかし日本統治のために天皇を利用するとなってからは、神格化した天皇をできるだけ〝人間天皇〟に戻すよう日本側にも働きかけたのであった。とくにGHQのCIE（民間情報教育局）の局長ケン・R・ダイクはそのために「天皇自らが人間であることを天下に明らかにせよ」と日本政府に伝えていた。そのために英文の案も示してきた。

この案をもとに幣原首相が日本文に直して内容をまとめていったのだが、天皇はこの案を見てすぐに注文をつけた。「日本における民主主義はなにも戦後になって初めて生まれたものではない。明治天皇の時代からすでに民主主義は存在した」といって、五箇条の御誓文を前文に入れさせたのである。人間宣言は冒頭に五箇条の御誓文を入れることで、ダイクや幣原のまとめた宣言との間の文脈のつながりが曖昧になったことは否定できなかったが、それでもこれによって「人間宣言」は日本の民主主義の原点を確認するとの意味をもったのであった。

一月一日に発せられたこの「人間宣言」はとくに次の部分が天皇自らが人間としての宣言を発したのだといわれた。

「朕《ちん》ト爾等《なんじら》国民トノ間ノ紐帯《ちゅうたい》ハ、終始相互ノ信頼ト敬愛トニ依リテ結バレ、単ナル神話ト伝説トニ依リテ生ゼルモノニ非ズ。天皇ヲ以テ現御神《あきつみかみ》トシ、且《かつ》日本国民ヲ以テ他ノ民族ニ優越セル民族ニシテ、延《ひい》テ世界ヲ支配スベキ運命ヲ有ストノ架空ナル観念ニ基クモノニ非ズ」

人間宣言を発動するよう日本側を説得したGHQは、この部分をもって天皇がこれまでの体制にあって神とされ、無謀な戦争の思想的背景になったという見方が覆されたとして、天皇制存続の意思を内外に示したと理解した。これに対して、天皇はこの宣言のポイントはGHQのいう点にあるのではなく、冒頭の部分にこそ本意があると昭和五十年代の記者会見では明かしている。

しかし昭和二十一年一月一日の段階では、こういう違いは明らかになっていなかった。もっぱらGHQ側の考え方が国際社会にも理解されていったとの見方ができた。

私の見るところ、「人間宣言」というその言い方が誤解を与えるのであって、正式には〈天皇の民主主義宣言〉と評するべきである。このことをもうすこし歴史的にわかりやすく表現するならば、天皇は戦前の〈天皇制下の軍事主導体制〉を捨てさって、戦後は〈天皇制下の民主主義体制〉へ身を寄せていったとの見方ができるのではないかと、私には思えるのである。マッカーサーを始めとするGHQのGSスタッフは、このような変貌をとげた天皇を自らの支配の枠組に組みこむ限りは、天皇制を温存する体制も固まっていき「新生日本」をつくりうると考えたのである。

この人間宣言と称する内容に、マッカーサーはすぐに歓迎の声明をだした。「天皇の新年の声明は、私の非常に喜びとするところである」というのであった。

巡幸によって天皇も変わっていった

この宣言に一層重い意味をもたせるために始められたのが、天皇の全国巡幸であった。昭和二十一年二月十九日、二十日に川崎や横浜、そして横須賀を巡幸したのを皮切りに二月二十八日に東京、三月に群馬と関東地方を巡幸の始まりとして全国行脚がつづくことになった。

この巡幸について、当初はGHQのニューディーラーの将校たちは、天皇が国民にどのような扱いを受けるか関心をもっていた。もし天皇が石を投げられたり、雑言《ぞうごん》を浴びせられるような状態なら、天皇制の廃止を主張しようと目論むグループがあった。ところが実際はそれとはまったく異なった形になった。天皇は至る所で歓迎の人波に囲まれ、行く先々で万歳の声があがり、そして国民は天皇が実際には自分たちと変わらない〝人間〟そのものであることを確認したのである。天皇もまた質素な服装で、地肌のままの言動で国民の歓迎にこたえた。

天皇はこうした体験をとおして、国民とともにあるという姿勢を明確にした。もともと天皇は、大正初期の皇太子時代に東宮御学問所で帝王学教育を受けたときに、この国の主権者として政治や軍事の領域のみならず臣下の者と接するときも表情を顕わにしないようにと教えられていた。表情からその考えがわかると君主としての威厳を欠き意思が一方的に推し測られてしまうという懸念のためであった。

しかしこの巡幸によって、天皇もまたしだいに変わっていった。国民を見つめる目から緊張がとれていったのだ。しかもこの全国巡幸には、マッカーサーの支援もあって、巡幸そのものが国民と天皇との間の紐帯を強める回路にもなった。

もっともこうした光景に、連合国のなかには不安をもつ国もあった。天皇は新たな戦争を始めるために国民にそれとなく支援を与えているのではないかとの見方が出てきたのである。日本国民が天皇の姿を見て、異様なまでの歓迎の声をあげるためにかえって不信感をもたれたということになるかもしれない。

昭和二十三年の一年間は、天皇と国民との関係が再び戦前のようになってしまったら困るというので、GHQは巡幸に中止命令をだしている。

こうして天皇制の存続は、実際にはマッカーサーの助力と国民の歓迎の声とによって決まった。前述のように三点が昭和中期の第一期の重要事であるといったが、他の二点も天皇制の存続がマッカーサーや

ＧＨＱの既定方針となったことと関係している。つまり新憲法の制定も東京裁判も、天皇制が温存されることによってその方向が定まったといえた。もっとも温存といってもそれは、旧体制のような形に戻ることは一切許されておらず、新生日本の方向という戦略にもとづいていることはいうまでもないことだった。

近衛文麿と松本烝治の憲法案

このことをもうすこし語っておかなければならない。

新憲法の制定はこの第一期の重要な柱でもあるのだが、ここを丹念に追いかけていくと日本社会がどのように占領に対応していたかがわかる。戦争に敗れ占領を受けるということは、国家主権を失うということなのだが、その枠内で日本の指導者はそれなりに全力を投入して新しい憲法そのものを自らの側に引きよせてつくったということになるだろう。

マッカーサーが憲法を変えるよう示唆したのは、昭和二十年十月四日に近衛文麿元首相（このときは東久邇《ひがしくに》稔彦《なるひこ》内閣の国務相でもあった）と会見した折りである。近衛はその任に自らがあたるよう命じられたと思い、独自に憲法学者を集めたり、外国人記者と会見して天皇の退位を示唆した発言をしている。近衛とすれば、昭和中期のこのときに前期の優柔不断の立ち場の汚名を晴らそうとしたのであろう。

ところが幣原内閣は、閣外でこのような動きをされることが不快である。そこで閣内に無任所の国務相である松本烝治《じょうじ》を委員長とする憲法問題調査委員会（松本委員会）をつくっている。マッカーサーもこのような状況を見て、ＧＨＱとしては近衛に憲法改正を頼んだ覚えはないといって、その動きを封じている。以来、憲法改正の動きは幣原内閣のもとで進むことになった。加えて近衛は、むしろ東京裁判で裁かれるべき指導者ではないかという声がアメリカ国内にも強まって、戦犯の容疑者として巣鴨プリズンへの出頭を命じられた。その日の早朝（昭和二十年十二月十六日）に、近衛は自決している。

松本委員会は憲法草案を練るのだが、なにしろこれに加わっている研究者や政治家はほとんど昭和前期の指導者たちでもあった。初めは秘密裏に草案を練っていたのだが、議会からも反撥を受け、昭和二十年十二月八日に改定の四原則を明らかにしている。この四原則とは、

㈠天皇が統治権の総攬者であることは変えない、㈡議会の権限を拡大、天皇の大権に一定の制限を加える、㈢国務大臣は輔弼《ほひつ》の責任を負うと同時に議会にも責任を負う、㈣臣民の権利、自由を一定の範囲で保護――というのであった。この四原則は基本的には大日本帝国憲法の枠組みを超えないということでもあった。

そして密かに甲案と乙案を作成し、甲案は大日本帝国憲法の骨子は変えずに文面上は大幅改正した案であり、乙案は同じくその骨子を変えずに一部の表現を変えたにすぎなかった。こうした草案づくりはGHQにも知られていって、きわめて不快に受けとめられたのである。松本案は閣議でも諮《はか》られ、とにかくいずれかの案でGHQと交渉することになった。こうした経緯を見ていると、日本政府の態度は確かに占領という実態を理解しているとはいい難かった。

「天皇の象徴化」と「戦争放棄」

昭和二十一年二月一日の毎日新聞が、こうした松本案（甲案に近い案）をスッパ抜いて特ダネとして報道した。毎日新聞の記事は、この案は大日本帝国憲法とほとんど同じであるとの強い批判の意味ももっていた。当然のことながら、GHQのGSの将校たちは激怒することになった。

GSの局長であるコートニー・ホイットニーは、これでは話にならないとスタッフに草案をつくるよう命じ、二月四日からほぼ一週間でGHQ案をまとめたとされている。二月初めに松本案がGHQに届けられたときは、これはもう単なる紙切れ程度の意味しかなかったのだ。実際、ＧＨＱはその案を具体的に検討もしていなかった。

吉田外相や松本国務相は、二月十三日に外相公邸でＧＨＱ案を示された。吉田がのちに著した『回想十年』のなかには、ホイットニーからこのＧＨＱ案と基本原則を共にする案を作成してほしいといわれたと記している。この案には、天皇を主権者から象徴に変えることと軍備をもたないことの二点が明確に謳われていた。日本側は驚いたが、現実にはこの二つを受けいれる以外にないというので、ＧＨＱ案をもとにしながら、日本の案をつくっていった。

その間、政府とＧＨＱとの間にやりとりはあったが、第一条の「天皇の象徴化」と第九条の「戦争放棄」は変更されなかった。

こうした憲法制定の裏側を見ていくと、戦勝国の間でつくられている極東委員会がこのような案でなければ認めないとの態度だったことがわかる。吉田茂は、マッカーサーが「天皇制の支持者」であり、これを守ったがゆえにこの憲法は占領下では守らなければならないとも書きのこしている。

この憲法は国会での審議を終えたあと、昭和二十一年十一月三日に公布され、翌二十二年五月三日から施行されることになった。昭和中期のこの新憲法制定には当時の社会状況のもとで最大限に政府が努力したという言い方もできた。

軍政を裁き、軍令は不問に

そしてもうひとつ、昭和中期の第一期の特徴的な出来事として東京裁判（昭和二十一年五月三日開廷、昭和二十三年十一月十二日判決）を挙げておかなければならない。この裁判はポツダム宣言の第十項により、軍事的な政策を進めた指導者を裁くということで行われたのだが、しかし実際には占領政策を円滑に行うための儀式になったことは否めなかった。そしてこの裁判では、被告席に天皇が座らされるか否かということが焦点だったのだ。

前述したように、マッカーサーは昭和二十年十一月下旬に本国から占領下で天皇をどのように扱うかについて報告せよと命令されていたが、その答えしだいでは、天皇がA級戦犯として巣鴨プリズンに収容される可能性もあったのだ。しかしマッカーサーが昭和二十一年一月下旬に回答した内容が、天皇の責任を問う必要はないと明言していたのである。

マッカーサーは一月十九日に、「極東国際軍事裁判所条例」を発表している。つまりこの条例によって戦犯を裁くといったわけだが、この第五条には「本裁判所ハ　平和ニ対スル罪ヲ包含セル犯罪ニ付個人トシテ又ハ国体員トシテ訴追セラレタル極東戦争犯罪人ヲ審理シ処罰スルノ権限ヲ有ス」とある。日本の政治、軍事指導者を「平和に対する罪」「通例の戦争犯罪」「人道に対する罪」で裁くというのである。

こうした戦犯裁判は、ドイツのナチスを裁いたニュールンベルク裁判と共通のところがあり、日本は「軍閥」によって戦争を引き起こし、他国へ迷惑をかけたという見方で裁かれることが明らかになったのだ。

東京裁判のA級戦犯の被告は二十八人であったが、このうちの十五人は陸軍の軍人であった。海軍は三人、外交官は五人、あとは法曹界、大蔵官僚、政治家、民間右翼などであった。この内訳を見ても陸軍が圧倒的に多く、しかも軍政の側が多かった。軍令の側、たとえば陸軍では開戦時の参謀総長である杉山元（昭和二十年九月十二日に自決）を始めとする参謀総長体験者や次長の田辺盛武、塚田攻などはA級戦犯に指名されなかった。開戦時の陸軍省の軍務局長である武藤章が被告であるのに、参謀本部作戦部長の田中新一が被告でなかった。明らかに軍政の側を裁く意思があった。

この裁判の検事団長であるジョセフ・キーナンは、マッカーサーから「天皇を訴追しないこと」を条件とすることを命じられていて、実際にその方向で戦犯を決めていくのだが、軍令を被告にしていないことはあえて天皇を裁かないことを内外に示すことでもあった。統治権の責任は問わないことにしたのである。ただ検事団十一カ国のうち、オーストラリアやソ連などは天皇を訴追することに積極的で、キーナンはそうした声を押さえてマッカーサーの命令どおりに被告人をしぼったという言い方もできたのである。

東京裁判の特徴

市ケ谷台の旧陸軍省、参謀本部の建物の中で、この裁判は始まった。検事団は、被告たちは昭和三年一月一日から二十年九月二日まで共同謀議を行って侵略の計画をたて、そして実行していったと起訴状を読みあげ、その状況下での五十五の訴因を示して被告たちを裁いていった。この法廷はむろん日本だけでなく、国際社会でも注目されることになったが、日本国内ではこれまで伏せられていた史実が次々と明らかになり、国民には衝撃を与えることになった。実際に法廷で示された史実は国民はまったく知らないことばかりだったのである。

起訴状の冒頭は、前述のように昭和三年一月一日から二十年九月二日までの間に、「日本の対内対外政策は、犯罪的軍閥に依り支配せられ、且指導せられたり。斯《かか》る政策は重大なる世界的紛争及び侵略戦争の原因たると共に、平和愛好諸国民の利益並に日本国民自身の利益の大なる毀損《きそん》の原因をなせり」というのである。そのうえで「平和に対する罪」で三十六の訴因が、「殺人及殺人共同謀議の罪」で十六の訴因が、そして「通例の戦争犯罪及人道に対する罪」で三つの訴因が二十八人の被告にあてはめられた。
裁く側の検事団の論理は、第二次大戦そのものをドイツ、イタリア、日本のファシズム体制が民主主義体制の国々を侵略し、圧政を布いたという点で把え、それぞれのファシズム体制に共通の見方を示していた。つまり軍事主導の独裁体制という点にポイントを置いての弾劾であった。

こうした検事団の弾劾に、日本側の弁護団副団長の清瀬一郎は、冒頭でこの裁判は事後法にもとづくものでその効力はないと主張したが、それは受けいれられなかった。また、日本では共同謀議をなしたことはないこと、検事団が指摘するのとはちがって八紘一宇《はっこういちう》というのは侵略を正当化する思想ではないことを訴えた。しかしその後の弁論についても言いえたことだが、日本側の弁論は国際社会では、「反証が弱く、説得力に欠ける」と評されている。それは被告が共通の内容の弁論をもたなかったためでもあるが、同時に被告たちはたまたま自分がある期間、官職の上位に昇りつめたにすぎないとして日本の国策全般についての大局的な哲学や思想はもっていないことが明らかでもあったからである。

結局、二十五人の被告（公判の期間に二人死亡、一人免訴）はそれぞれ絞首刑から禁固七年までの刑を受けている。その判決のなかで五十五の訴因のうち採用されたのは十の訴因であったが、こうした判決の内容を吟味することによって、実はこの裁判には幾つかの特徴があったことがわかる。その点について、この裁判についてもっとも多角的に検証した日暮吉延の『東京裁判の国際関係』(二〇〇二年刊)によると、「死刑に関する限り、重度の残虐行為だけが決定的要因であった。これは、極東裁判所がニュルンベルクの先例――つまり残虐行為で無罪の被告には死刑を科さない――に従ったと指摘するコミンズ=カーの一九四九年論文の正しさを再確認するものである」というのである。松井石根がたったひとつの訴因で死刑になっているのはその例でもあった。

こうした判決に、たとえば「ニューヨーク・タイムズ」などは戦犯の厳罰を訴えていたがそれが満たされたと評している。日本国内の全体的な論調については、「日本の主要新聞は、検閲下でもあってか、被告の刑罰を当然視し、平和と民主主義を信奉するのが日本の責務だとする肯定的論調」が多かったという。戦後の民主化政策はこの裁判についても肯定的だったということになる。

七人の死刑組（東條英機、木村兵太郎、武藤章、土肥原賢二、板垣征四郎、松井石根、広田弘毅）は、この年十二月二十三日の未明に処刑された。翌二十四日にはA級戦犯の容疑者であった旧体制の要人たちは、一斉に釈放された。マッカーサーとGHQは、一刻も早くこの旧体制との訣別に決着をつけたかったということになるだろう。

裁かれることによって得た「大きな権利」

昭和中期の第一期は、実質的にはこのときに終結を告げたといっていいだろう。昭和史を因果関係の法則性をもつ歴史という視点でみるなら、私たちは確かにここには昭和前期を因としての「果」を見いだすであろう。だがこの因果関係を戦後日本の歴史観を支配した唯物史観で見ていては、その人間の顔をつかむことができない。つまり昭和という時代の顔を明確にえがきだすことはできないのだ。

私のいう昭和前期の「果」としての昭和中期から、さらにここを因とする昭和後期を具体的に検証していくべきではないかと思う。昭和中期、とくにその第一期には「功と罪」（当然のことともいえるが）があり、それが以後の日本社会に反映してくるのである。あえてここで一点つけ加えておくなら、日本は「東京裁判で裁かれることによって二十世紀後半に生きる大きな権利を獲得した」のである。どういうことか。欧米列強からは文明の名で、あるいはアジアへの侵略で、私たちの国は裁かれたが、その事実を謙虚に受け止めたとき、私たちは大きな〝武器〟を手に入れたともいえるのだ。

裁く側に立っているイギリス、フランス、オランダなどは、日本を追いだしたあとにアジアのかつての植民地の国々に当然のように進駐していった。これはまさにかつての植民地主義をそのまま踏襲することだった。つまりこれらの国々は、日本を裁きながら自らの手を汚していったのである。そのことを私たちは批判する権利をもった。いや批判しなければならない歴史的責務を背負いこんだ。

二十世紀の後半に、私たちはその権利を駆使したかが改めて問われることになったのである。これこそ昭和史が抱えている課題である。

「ストライキ」と「ストライク」

昭和二十四年二月から始まった第三次吉田内閣は、それ以後の総選挙での勝利や内閣改造によって昭和二十九年十二月までつづいた長期政権だ。昭和中期の第二期は、この内閣の始まりと二十七年四月二十七日までの日本の占領期間がそれにあたる。この期間の特徴は何か。たったひとつの言葉でいえるように思う。それはアメリカの戦略による極東アジアの西側陣営の砦としての日本の位置であった。その点では第一期の民主化と非軍事化という政策に手直しを加えなければならない時代であった。

この第二期の出発は、日本の財政政策を根本から改めることが求められた。ＧＨＱの財政顧問として日本にやってきた銀行家のジョセフ・ドッジは日本の財政均衡が何よりも重要だとして、まずは国民の耐乏を説いて財政の自立を促したのである。日本の財政が補助金とアメリカからの経済援助から成りたっていて、それを断たなければその独立はありえないとして、日本の旧幣の体質をまったく認めなかった。ドッジのいう経済安定九原則にもとづいて、行政機構の縮少、それに伴う人員整理が不可欠のこととなっていったのである。

　国鉄を始めとする公共企業体では人員整理が続き、それに抗議する労働組合や社会党、共産党などの動きが活発になった。そうした動きはしだいに政治闘争に傾いていくのであったが、それは昭和中期の第一期での民主化に伴う民主政策によって育まれた勢力が中心だっただけに占領政策がこの年から——つまり第二期には大きく様がわりすることが窺えたのであった。

私はこのころは北海道のある町で小学校四年生だったのだが、子供心に世情が気色ばんでいるのがわかった。新聞を読み始めたころであったが、「ストライキ」という語がひんぱんに紙面にあらわれていて、それがそのころに夢中になっていた野球の「ストライク」とどのように違うのか、父親に尋ねた記憶があった。父親からは「子供はそんなことは知らなくていい」と答えられた思い出もある。

昭和中期の第二期は、一九四九年から一九五二年の間となるのだが、この間の国際社会を見てみると、ソ連の原爆保有（一九四九年九月）、中華人民共和国の成立（同年十月）という動きが目につく。つまり東側陣営が急速にまとまりを見せてきたという言い方もできる。中ソ友好同盟相互援助条約が結ばれ、ヨーロッパの西側陣営は北大西洋条約機構（NATO）を結んで、東西間の冷戦は始まっている。

朝鮮戦争の影響

こういう東西間の緊張が火を吹いたのが、昭和二十五年六月二十五日であった。朝鮮半島を分断していた三十八度線を越えて、突然、北朝鮮軍が武力をもって韓国への侵略を始めたのである。これがいわゆる朝鮮戦争の勃発であった。韓国に駐留している米軍もまたすぐに北朝鮮軍に反撃している。

この朝鮮戦争は二つの点で戦後の日本に影響を与えることになった。

ひとつは、東西冷戦そのものがいつ軍事力の衝突に至るかわからないということで、マッカーサーは朝鮮戦争勃発直後に吉田首相に対して「七万五千人の警察予備隊の新設と海上保安庁八千人の増員」を要求した。マッカーサーにすれば、日本に進駐しているアメリカ軍は朝鮮戦争で戦わざるを得ない状況になり、日本の防衛が空白になることを恐れてのことだった。このマッカーサーの命令は、GHQの命令そのものであったが、吉田もその動機に納得していたのですぐに応じることになった。

実際に八月からはすぐに募集が始まった。

このことは日本占領のアメリカの政策が根本から変わることを意味した。もともと新しい憲法は軍事力の保持を禁止していたのに、それが一転して軍事力（警察予備隊）をもつことになったのだ。このために吉田首相以後の歴代首相は、現実に存在するこの軍事力を軍隊と認めないことになり、現実と憲法との間に齟齬をきたすことにもなったのである。戦後社会ではタテマエとホンネの違いを糊塗する論理が公然と表に出ることになり、このことは道徳的に日本社会を歪める事態になったともいえるだろう。

朝鮮戦争のもつもうひとつの特徴は——つまり日本社会への影響はということなのだが——いわゆる特需ブームが起きて、日本経済が復興していったことだった。朝鮮特需という現象が日本社会のなかに起こっていき、戦争からの一年間（昭和二十五年六月からの一年間）に物資で約二億三千万ドル、サービス面で約九九〇〇万ドルに及んだといわれている。日本円に換算すると、千百八十億円余に達するほどの景気を生むことになった。

もともとアメリカの軍隊は、その戦備や生活物資、それに薬品などをアメリカ本土、あるいはヨーロッパの企業に依存していたが、現実のこの朝鮮戦争ではコスト面で日本に依拠するほうがはるかに好都合であった。つまり戦争というプロジェクトは、あらゆる産業、文化、経済などを総動員する時代に入っていたがゆえに、日本経済はアメリカ軍から発注を受けることでどの業界でも好景気となったのだ。

朝鮮戦争によって国際社会でも再び戦争の危機が真剣に考えられることになり、金属、機械、肥料、セメント、薬品、衣類など日本の製品は海外市場へも飛躍的に伸びていくことになった。日本の産業構造は重化学工業、大企業中心に移行していくことになり、昭和中期の第一期で行われた財閥解体などがなしくずしに旧体制の形に戻っていく事態になった。

大仰な言い方をするなら、日本経済はこの戦争を機に新たな時代に入ったといってもよかった。戦争を媒介にしてという言い方になるのだが、日本経済は自立の方向にむかい始めたということができた。

レッドパージ

朝鮮戦争によって始まった民主化の見直し、そして経済の自立は占領期後半を決定する要因でもあったが、これに付随して、たとえば思想面でも西側陣営に入るための政策が採られた。それがレッドパージである。共産主義者ないしその思想への同調者は、職場から追放されたただけでなく、共産党の指導者は公職追放という形で徹底した弾圧を受けることになった。

考えてみれば不思議な現象ともいえるのであったが、占領期の第一期にあっては旧体制を崩壊せしめるために社会主義者や共産主義者、それに自由主義者などに広範囲に活動の機会が与えられた。もとよりGHQのGSに属する民主派の将校たちがこうした方針を採用したのだが、それは彼ら自身がこのような思想の同調者だったという意味もあった。マッカーサーもこれを歓迎して、日本の旧体制を解体するためにこうした方向に理解を示していた。

もっともGHQ内部でもGⅡ（参謀第二部）の部長であるチャール

ズ・ウィロビーは、容共派をGHQ内部から追いだすことを常に画策していた。それもまたマッカーサーの施策のひとつであった。マッカーサーは二つの軸足を巧みに使い分けていたのである。しかし東西冷戦が過酷になると、その軸足を巧みにGⅡの側に移したともいえた。

レッドパージの対象となったのは、当初共産党系の大学教授、教員などであったが、朝鮮戦争の始まる前には共産党の組織そのものが日本社会に不必要との烙印を押されるようになった。そして朝鮮戦争が始まった翌日には、共産党の機関紙である「アカハタ」は発行停止の処分を受けた。

共産党の幹部はいずれも地下に潜ることになった。その幹部九人は「団体等規制令」違反として警察から追われることになったのである。

その後共産党の一部勢力は地下に潜って軍事組織をつくり、革命への武装蜂起を目ざす一派もあらわれた。

昭和中期の日本人の甘え

昭和中期のこうした状況について、「逆コース」という見方もされているが、もともと占領ということ自体、戦勝国の施策であり、それは日本の将来を考えてということより、占領する側の論理が重視されていたことを思えば、逆コースという言い方自体、そこには甘えがあったということにもなるだろう。この点については、日本人が依然として自立していないとの見方もできたはずだった。

この逆コースという見方については、昭和中期の第一期からすでにそれが始まっていたとの見方を採る研究者もいる。しかし一橋大名誉教授の中村政則はかつて次のように語っている（袖井林二郎・竹前栄治共編『戦後日本の原点［下］』一九九二年刊より）。

「『逆コース』の本格的開始は四九年（引用者注・昭和二十四年）、第三次吉田内閣の成立でいいと思います。かつて私は『逆コース』の起源をめぐって、四五年説、四六年説、四七年説、四八年説、四九年説、そして不在説と六説あると整理したことがあります。袖井林二郎さんは四九年説で、自分の説は『遅いなぁ』と言っていましたが、いまにして思えば私はそれは正しいのではないかと思っています。（以下略）」（五十嵐武士・中村政則「『逆コース』――民主化から経済復興へ㈠」）

元東京都立大名誉教授の升味《ますみ》準之輔も、第三次吉田内閣の成立で確定的となったと指摘している。つまりはこのときから占領期間にはまったく政権の移譲がなかったことなどが挙げられると、前述の中村は指摘している。

私が占領期、つまり昭和中期を二つの期に分けるのは、この第三次吉田内閣以前と以後の政治がまったく違うからだが、第二期を逆コースという表現で語るのは、前述のように日本人の主体性が欠けていることを示すことになると思い、適切ではないという側に立っている。昭和中期は、日本社会の、そして日本人の甘えがいくつか凝縮されている時間帯でもあると私には思えるのだ。

「進歩派」の発生

昭和中期の第二期の特徴をもう一点、あげておくならそれは「講和論争」という語で語ることができる。日本が占領から脱して国際社会に復帰する、つまり国家主権を回復するという事態はすでに第一期から予想されていたが、結果的に国際社会の動きや日本社会の自主性などとかかわって、その時期については定かに決まってはいなかった。

日本国内の論議では、「全面講和」論者と「単独講和」論者の間で対立が起こっていた。全面講和はソ連を含めて社会主義国との関係を正常化していくという考え方で、つまり戦争終結をすべての国と行うという姿勢であった。これに対して、単独講和はアメリカを中心とする西側陣営との間で、まず講和を急ぎ、社会主義諸国との講和は急ぐべきでないとの論であった。このふたつの考え方は、国内における東西冷戦の代理戦争の観があった。

昭和二十四年十二月に東大総長の南原繁が、全面講和容認論を発表すると、吉田首相は激しくこれを批判し、「これは曲学阿世の徒である」とはねつけた。吉田は、単独講和以外に道はないとの立ち場であった。しかしこうした対立もあったが、結局は、朝鮮戦争によって国内世論は一気に吉田の説く「単独講和」にむかっていったのである。

全面講和論は、進歩的文化人という語が生まれつつあるときであったが、このタイプの人々によって主張された。ある論者によれば、日教組の説いた「教え子を戦場に送るな」という語がもっとも力をもったときであり、こうした運動のスローガンにもなったというのである。

日本社会に昭和中期以後に存在した進歩派という、実体の曖昧な存在はこのときから発していたといっていいであろう。

「新生日本」か「再生日本」か

朝鮮戦争が一進一退という形勢のとき、ＧＨＱの最高司令官であったマッカーサーは一方で国連軍の司令官をつとめていて、戦局を盛り返す役も果たした。しかし中国義勇軍の介入により、戦況が不利になると、朝鮮戦争で原子爆弾を投下するよう主張している。そのことがトルーマン大統領の怒りにふれ、その地位を更迭されて日本からはなれている。

この報に接したときの日本人の衝撃は大きかった。実際に吉田首相は身体をふるわせ、目には涙をため、「この衝撃は私だけでなく日本人全てに及ぶだろう」と言っている。

アメリカ政府は西側陣営にとどまることをさらに強く日本側に伝え、国務省顧問のアレン・ダレスは講和条約案の交渉では吉田と連携しつつ単独講和を強力に進めることになった。

日本政府は単独講和を国策として、その案をまとめたが、これはつまりは昭和中期の第二期の日本を西側陣営の橋頭堡として固めることで、さらに昭和後期も進んでいくことを意味することになった。

改めて全面講和か単独講和かの論争を点検していくと、そこには重大な問題が隠されていることに気づく。吉田に代表される単独講和は、自由主義陣営の一角に入るということであり、それは昭和中期を無意識のうちに「再生日本」とする考えであった。これに対して、学者や文化人で構成する平和問題談話会が発した声明（昭和二十五年一月）にあるように、日本の中立政策、アメリカの軍事基地反対、国連による安全保障、アジア諸国との提携による経済的自立というのが全面講和を主張する人たちの総意でもあった。

この考えは「新生日本」と称することができたように思う。

昭和中期という国家主権喪失の時代は、「新生日本」か「再生日本」かをめざす闘いが国内ではくり広げられていたといえるのではないだろうか。新生日本というのは、昭和前期を全面否定し、新たな日本をつくるということだが、そこにあるのは国家目標としての「中立」であり、「親社会主義観」であり、そしてゆくゆくは社会主義を想定しての国家目標であった。

単独講和は、吉田首相がいみじくも語ったように日本近代史の親英米路線には基本的にあやまりがなく、ただ昭和六年九月からの満州事変以後、昭和二十年八月十五日までの日本は「変調」をきたしていたとの認識である。この期間の誤まりを正すのが単独講和論の骨格を成している。

昭和中期の歴史的な動きをこの二つの論が対立していたという視点からみるとき、はからずも次のことがわかってくる。つまり第一期は、歴史的には全面講和論が代表し、第二期は単独講和論が代表していたのだ。この図式は、昭和後期の政治の世界では、自民党が第二期を、社会党が第一期を代表するという形でつづいた。昭和という時代は、六十二年と二週間つづいたわけだが、実際には昭和後期が三十六年八カ月ともっとも長い。

この三十六年と八カ月間はそれ自体のなかに矛盾を背負いこむ形になってつづくのだが、しかしこの時間のなかに日本が歴史を自らの手でつくりうるかの試行錯誤があったというべきではないか。

「再生日本」の道を「新生日本」の気持をもって歩む

日本が主権を回復したのは、つまり講和条約が発効して占領が解けたのは昭和二十七年四月二十八日であった。その五日後の五月三日に、皇居前広場で「平和条約発効ならびに日本国憲法施行五周年記念式典」が開かれたが、昭和天皇はそこで次のような祝辞を述べた。この内容は昭和中期を終えるにふさわしい意味をもっている。

「さきに、万世のために、太平を開かんと決意し、四国共同宣言を受諾して以来、年をけみすること七歳、米国を始め連合国の好意と国民不屈の努力とによって、ついにこの喜びの日を迎うることを得ました。ここに、内外の協力と誠意とに対し、衷心感謝すると共に、戦争による無数の犠牲者に対しては、あらためて深甚なる哀悼と同情の意を表します。又特にこの際、既往の推移を深く省み、相共に戒慎し、過ちをふたたびせざることを堅く心に銘すべきであると信じます。

今や世局は非常の機に臨み、前途もとより多難ではありますが、いたずらに明日を憂うることなく深く人類の禍福と、これに対する現世代の責務とに思いを致し、同心協力、事に当るならばただに時難を克服するのみならず、新憲法の精神を発揮し、新日本建設の使命を達成し得ること期して待つべきであります。すべからく民主主義の本旨に徹し、国際の信義を守るの覚悟を新たにし、東西の文化を総合して、国本につちかい、殖産通商を振興して、民力を養い、もって邦家の安栄を確保し、世界の協和を招来すべきであると思います。

この時に当り、身寡薄《かはく》なれども、過去を顧み、世論に察し、沈思熟慮、あえて自らを励まして、負荷の重きにたえんことを期し、日夜ただおよばざることを恐れるのみであります。こいねがわくば、共に分を尽し事に勉め、相たずさえて国家再建の志業を大成し、もって永くその慶福を共にせんことを切望してやみません」

昭和中期の第一期に二回、そして第二期の終了時に一回、昭和天皇は三回にわたって退位の意思があると伝えられた。しかしそれらはすべて噂であるとして、明確に否定したのがこの内容であった。

昭和天皇もまた「再生日本」の道を「新生日本」の気持をもって歩むと宣言したのがこの内容だともいえるだろう。とくに「身寡薄なれども、過去を顧み、世論に察し、沈思熟慮、あえて自らを励まして、負荷の重きにたえんことを期し……」という天皇の思いのなかに、これからは昭和前期とも昭和中期とも異なる像を自らに課していくと宣言したことになる。

まさに歴史的な意味をもって、昭和中期は終わりを告げたともいえたのである。

本書は、株式会社文藝春秋のご厚意により、文春新書『昭和史入門』を底本としました。但し、頁数の都合により、上巻・下巻の二分冊といたしました。

昭和史入門　上
（大活字本シリーズ）

2020年11月20日発行（限定部数500部）

底　本　文春新書『昭和史入門』

定　価　（本体2,800円＋税）

著　者　保阪　正康

発行者　並木　則康

発行所　社会福祉法人 埼玉福祉会

埼玉県新座市堀ノ内3—7—31　〒352—0023

電話　048—481—2181

振替　00160—3—24404

印刷製本所　社会福祉法人 埼玉福祉会 印刷事業部

ISBN 978-4-86596-395-3